Grammatik kurz & bündig
GRIECHISCH

von
Parthena Athanasiadou

PONS GmbH
Stuttgart

PONS
Grammatik kurz & bündig
GRIECHISCH

von
Parthena Athanasiadou

Auflage A1 ⁶ ⁵ ⁴ ³ / 2016 2015 2014 2013

© **PONS GmbH, Rotebühlstraße 77, 70178 Stuttgart, 2008**
PONS Produktinfos und Shop: www.pons.de
PONS Online-Wörterbuch: www.pons.eu
E-Mail: info@pons.de

Redaktion: Inken Armbrust
Redaktionelle Mitarbeit: Lina Barth
Logoentwurf: Erwin Poell, Heidelberg
Logoüberarbeitung: Sabine Redlin, Ludwigsburg
Titelfoto: Vlado Golub, Stuttgart
Einbandgestaltung: Tanja Haller, Petra Schnur, Stuttgart
Layout: Ulrike Promies, Metzingen
Satz: Fotosatz Kaufmann, Stuttgart
Druck und Bindung: Print Consult GmbH, Oettingenstraße 23, München

Printed in the EU.
ISBN: 978-3-12-561411-6

So benutzen Sie dieses Buch:

Sie wollen die Regeln der griechischen Sprache auf einfache Weise erlernen oder wiederholen. Bei speziellen Fragen möchten Sie aber auch schnell und gezielt nachschlagen können.

Die **PONS Grammatik Griechisch kurz & bündig** wird Ihnen dabei helfen. Sie ist **übersichtlich** aufgebaut und die Regeln werden anhand **zahlreicher griechischer Beispielsätze** mit deutschen Übersetzungen veranschaulicht.

Am Anfang der **PONS Grammatik Griechisch kurz & bündig** finden Sie eine Tabelle mit der Erklärung grammatischer Begriffe sowie deren griechische Übersetzung.

Im ersten Kapitel erfahren Sie Näheres über das griechische Alphabet und über die Regeln zu Schrift und Aussprache. Im zweiten Kapitel finden Sie einen Überblick über die griechischen Wortarten, welche in einzelnen Kapiteln weiter ausgeführt und erklärt werden.

Verweise auf andere Kapitel werden mit einem Pfeilsymbol ▶ dargestellt.

Wenn Sie etwas gezielt nachschlagen wollen, führt Sie das **ausführliche Stichwortregister** im Anhang schnell zur richtigen Stelle. So wird die **PONS Grammatik Griechisch kurz & bündig** zu Ihrem wertvollen Begleiter beim Erlernen der griechischen Sprache.

Viel Spaß und Erfolg!

Inhalt

Grammatikbegriffe auf Deutsch und Griechisch

Deutsch	Erklärung / Beispiele	Griechisch / Beispiele
Adjektiv	Eigenschaftswort *die schöne Musik*	Επίθετο *η ωραία μουσική*
Adverb	Umstandswort *selten, natürlich, hier ...*	Επίρρημα *σπάνια, βέβαια, εδώ...*
Aktiv	Tätigkeitsform *Ich lese ein Buch.*	Ενεργητική φωνή *Διαβάζω ένα βιβλίο.*
Akkusativ	„Wen oder Was" -Fall *Ich lese das Buch.*	Αιτιατική *Διαβάζω το βιβλίο.*
Aorist	Vergangenheitsform (ein-malig) *Ich habe gegessen*	Αόριστος *έφαγα*
Artikel bestimmter unbestimmter	Geschlechtswort *der, die, das* *ein, eine, ein*	Άρθρο *ο, η, το* *ένας, μια, ένα*
Augment	Dem Verb vorangesetztes e	Αύξηση *έ-γραψα, έ-παιξα*
Dativ	„Wem" -Fall Im Griechischen gibt es den Dativ nicht. Er wird mit Genitiv oder Akkusativ ausgedrückt.	
Deklination	Abwandlung / Beugung der Substantive *der Mann, des Mannes, den Mann, die Männer ...*	Κλίση ουσιαστικών *ο άνδρας, του άνδρα, τον άνδρα, οι άνδρες...*
Demonstrativ-pronomen	hinweisendes Fürwort *dieser, jener, solcher, so viel*	Δεικτική αντωνυμία *αυτός, εκείνος, τέτοιος, τόσος*
Femininum	weibliches Geschlecht *die Frau*	Θηλυκό *η γυναίκα*
Futur	Zukunft *ich werde lernen*	Μέλλοντας *θα διαβάσω*
Futur II	vollendete Zukunft *ich werde geschrieben haben*	Συντελεσμένος Μέλλοντας *θα έχω γράψει*
Genitiv	„Wessen"-Fall *das Buch des Mannes*	Γενική *το βιβλίο του άνδρα*

Deutsch	Erklärung / Beispiele	Griechisch / Beispiele
Genus	Geschlecht siehe Maskulinum, Femininum, Neutrum	Γένος
Grundzahl	Kardinalzahl *eins, zwei, drei, vier ...*	Απόλυτο αριθμητικό *ένα, δύο, τρία, τέσσερα...*
Imperativ	Befehlsform *Komm! Setz dich!*	Προστακτική *Έλα! Κάτσε!*
Imperfekt (Präteritum)	Vergangenheitsform (andauernd, wiederholt) *Ich lernte den ganzen Tag.*	Παρατατικός *Διάβαζα όλη μέρα.*
Indefinitpronomen	unbestimmtes Fürwort *jemand, manche, jeder, niemand*	Αόριστη αντωνυμία *κάποιος, μερικοί, καθένας, κανένας*
Indikativ	Wirklichkeitsform *Nikos schreibt einen Brief.*	Οριστική *Ο Νίκος γράφει ένα γράμμα.*
Interrogativpronomen	fragendes Fürwort *wer, was, wie viel*	Ερωτηματική αντωνυμία *ποιος, τι, πόσος*
Kasus	Fall siehe Nominativ, Genitiv, Dativ, Akkusativ	Πτώση
Komparativ	1. Steigerungsform des Adjektivs und Adverbs *schön / schöner / am schönsten*	Συγκριτικός βαθμός επιθέτων και επιρρημάτων *ωραίος / ωραιότερος / ωραιότατος ωραία / ωραιότερα / ωραιότατα*
Konjugation	Abwandlung / Beugung der Verben *ich will, du willst, er will, wir wollen ...*	Κλίση ρημάτων *θέλω, θέλεις, θέλει, θέλουμε...*
Konjunktion	Bindewort *und, oder, aber, warum, als, so dass ...*	Σύνδεσμος *και, ή, αλλά, γιατί, όταν, ώστε...*
Konsonant	Mitlaut *b, c, d, f, g, h, j, k, l...*	Σύμφωνο *β, γ, δ, ζ, θ, κ, λ...*
Maskulinum	männliches Geschlecht *der Mann*	Αρσενικό *ο άνδρας*

Deutsch	Erklärung / Beispiele	Griechisch / Beispiele
Modus	Aussageweise siehe Indikativ, Imperativ, Υποτακτική	Έγκλιση
Neutrum	sächliches Geschlecht *das Kind*	Ουδέτερο *το παιδί*
Nominativ	„Wer oder Was" -Fall *Gregor arbeitet.*	Ονομαστική *Ο Γρηγόρης δουλεύει.*
Ordnungszahl	Ordinalzahl *erster, zweiter, dritter …*	Τακτικό αριθμητικό *πρώτος, δεύτερος, τρίτος*
Partizip	Mittelwort *spielend, geliebter*	Μετοχή *παίζοντας, αγαπημένος*
Passiv	Leideform *Die Fehler werden vom Lehrer korrigiert.*	Παθητική φωνή *Τα λάθη διορθώνονται από το δάσκαλο.*
Perfekt, deutsches	siehe Aorist	
Perfekt, griechisches	Vergangenheitsform (vollendet in der Gegenwart) *Warst du mal in Japan?*	Παρακείμενος *Έχεις πάει στην Ιαπωνία;*
Personal- pronomen	persönliches Fürwort *ich, du, er, mich, dich, wir …*	Προσωπική αντωνυμία *εγώ, εσύ, αυτός, εμένα, εσένα, εμείς...*
Plural	Mehrzahl *das Kind, die Kinder*	Πληθυντικός αριθμός *το παιδί, τα παιδιά*
Plusquam- perfekt	vollendete Vergangenheit *ich hatte geschrieben*	Υπερσυντέλικος *είχα γράψει*
Possessiv- pronomen	besitzanzeigendes Fürwort *meiner, deiner...*	Κτητική αντωνυμία *δικός μου, δικός σου...*
Präfix	Vorsilbe *verbrauchen*	Πρόθεμα *καταναλώνω*
Präposition	Verhältniswort *von, danach, mit, für …*	Πρόθεση *από, μετά, με, για...*
Präsens	Gegenwart *Ich lese ein Buch.*	Ενεστώτας *Διαβάζω ένα βιβλίο.*
Pronomen	Fürwort Siehe jeweiliges Pronomen	Αντωνυμία

Deutsch	Erklärung / Beispiele	Griechisch / Beispiele
Reflexiv-pronomen	rückbezügliches Fürwort *ich selbst, mich selbst...*	Αυτοπαθής αντωνυμία *ο εαυτός μου, τον εαυτό μου...*
Relativpronomen	bezügliches Fürwort *derjenige, alles was ...*	Αναφορική αντωνυμία *ο οποίος, ό,τι*
Singular	Einzahl *das Kind*	Ενικός αριθμός *το παιδί*
Substantiv	Nomen, Hauptwort *das Kind, der Mann ...*	Ουσιαστικό *το παιδί, ο άνδρας*
Superlativ	2. Steigerungsform des Adjektivs und Adverbs *schön / schöner / am schönsten*	Υπερθετικός βαθμός επιθέτων και επιρρημάτων *ωραίος / ωραιότερος / ωραιότατος* *ωραία / ωραιότερα / ωραιότατα*
Verb	Tätigkeitswort *ich spiele, ich koche ...*	Ρήμα *παίζω, μαγειρεύω...*
Vokal	Selbstlaut *a, o, e, i, u...*	Φωνήεν *α, ο, ε, ι, ου...*
Vokativ	Anrede-Fall *Georg! Sofia! Mama!*	Κλητική *Γιώργο! Σοφία! Μαμά!*
Υποτακτική	Wunsch-, Absichtsform *Nikos will einen Brief schreiben.*	Υποτακτική *Ο Νίκος θέλει να γράψει ένα γράμμα.*

1 Schrift und Aussprache im Griechischen

Das Alphabet

Groß	Klein	Name		Umschrift	Aussprache
A	α	άλφα	alfa	a	Amerika
B	β	βήτα	wita	w	Wein
Γ	γ	γάμα	gamma	j & γ*	Jeder & γ*
Δ	δ	δέλτα	delta	engl. th	engl. there
E	ε	έψιλον	epsilon	e	Essen
Z	ζ	ζήτα	sita	z	Sand**
H	η	ήτα	ita	i	Inhalt
Θ	θ	θήτα	thita	engl. th	engl. think
I	ι	γιώτα	jota	i	Inhalt
K	κ	κάπα	kappa	k	Koffer
Λ	λ	λάμδα	lamda	l	Laden
M	μ	μι	mi	m	Milch
N	ν	νι	ni	n	Nachbar
Ξ	ξ	ξι	ksi	ks, x	Xylophon
O	ο	όμικρον	omikron	o	Opfer
Π	π	πι	pi	p	Partner
P	ρ	ρο	ro	r	ital. Roma
Σ	σ, ς	σίγμα	sigma	s, ß	Klaus
T	τ	ταυ	taf	t	Tanne
Y	υ	ύψιλον	ypsilon	i	Inhalt
Φ	φ	φι	fi	f	Fotograf
X	χ	χι	chi	chi	ich, ach***
Ψ	ψ	ψι	psi	psi	Psychologie
Ω	ω	ωμέγα	omega	o	Opfer

* Wenn auf das **γ** ein i-Laut oder e-Laut folgt, wird das **γ** wie ein **j** ausgesprochen. Beispiele: Jeder, jemand, Jagd. Griechische Beispiele: **Γιώργος**, **γεια σου**, **Γερμανία** *(Georg, hallo, Deutschland)*. Folgt jedoch ein a-, o-Laut oder ein Konsonant, so wird das **γ** wie ein stimmhaftes **ch** ausgesprochen. Es ist wie eine Mischung aus einem nicht gerollten **r** und einem **g**, ein Reibelaut, wie er etwa beim Gurgeln entsteht. Diesen Laut gibt es in der deutschen Sprache nicht. Beispiele: **γάτα**, **παγωτό**, **γόνατο** *(Katze, Eis, Knie)*.

** Das **ζ** wird wie ein stimmhaftes **s** ausgesprochen, wie zum Beispiel bei den Wörtern: Siegfried, Silke, Seele, Siegel. Griechische Beispiele: **ζωή**, **ζώο**, **ζευγάρι** *(Leben, Tier, Paar)*.

*** Wenn auf ein **χ** ein i- oder e-Laut folgt, wird das **χ** wie in **ich**, **Milch** ausgesprochen. Beispiele: **χειρούργος**, **χέρι** *(Chirurg, Hand)*. Folgt jedoch ein a-, o-, ou- Laut oder ein Konsonant, wird das **χ** wie in **Achtung**, **machen** ausgesprochen. Beispiele: **ευχαριστώ**, **χορεύω** *(ich danke, ich tanze)*.

Das Griechische kennt fünf unterschiedliche Schreibweisen für den Laut **i**, zwei unterschiedliche für den Laut **e** und ferner zwei unterschiedliche Schreibweisen für den Laut **o**:

i	**η, ι, υ, ει, οι**
e	**ε, αι**
o	**ο, ω**

Vokale und Konsonanten

Die 24 Buchstaben des griechischen Alphabets unterteilen sich in 7 Vokale und 17 Konsonanten.

Vokale
α, ε, η, ι, ο, υ, ω

Konsonanten
β, γ, δ, ζ, θ, κ, λ, μ, ν, ξ, π, ρ, σ, τ, φ, χ, ψ und das Schluss-ς.*

*Endet ein Wort auf **-s**, so wird dieses immer als Schluss-ς geschrieben; das **σ** steht nie am Ende eines Wortes. Beispiele: **κόσμος** *(Welt)*, **ελέφαντας** *(Elefant)*.

Vokal- und Konsonantenkombinationen

Im Griechischen gibt es diverse Vokalkombinationen. Die folgende Tabelle zeigt, welche es sind und wie sie ausgesprochen werden.

Vokalkombinationen	
οι, ει	*i*
αι	*e*
ου	*u*
αυ*	*af & aw*
ευ*	*ef & ew*

Beipsiele:
πεζοί *(Fußgänger)*, **παίζω** *(spielen)*, **εκείνος** *(jener)*, **αύριο** *(morgen)*.

*Folgt dem **αυ** und **ευ** ein Vokal oder einer der Konsonanten **β**, **γ**, **δ**, **ζ**, **λ**, **μ**, **ν**, **ρ**, ist die Aussprache von **αυ** und **ευ** **aw** bzw. **ew**.
Folgt jedoch ein **θ**, **κ**, **ξ**, **π**, **σ**, **τ**, **φ**, **χ**, oder **ψ**, werden **αυ** und **ευ** als **af** bzw. **ef** ausgesprochen. Beispiele:

Wort	Aussprache	Übersetzung
αυλή	awli	*Hof*
ευγενικός	ewjenikos	*höflich*
αυτοκίνητο	aftokinito	*Auto*
ευχαριστώ	efcharisto	*danke*

Konsonantenkombinationen	
μπ	*b, mb*
ντ	*d, nd*
γγ, γκ	*g, ng*
τζ	*dz*
τς	*ts*

Beispiele: **μπάλα** *(Ball)*, **ντομάτα** *(Tomate)*, **λόξυγγας** *(Schluckauf)*, **τζάκι** *(Kamin)*, **τσάι** *(Tee)*.

Ausfall von Vokalen und Konsonanten

Bei manchen griechischen Wörtern besteht die Möglichkeit, ihre Aussprache zu vereinfachen, indem man etwa zwei Vokale wie einen ausspricht oder manche Vokale oder Konsonanten ganz weglässt. Dies ist kein Muss, sondern nur eine Option, die vom Sprechtempo abhängig ist. Je schneller man spricht, desto größer ist die Wahrscheinlichkeit, dass manche Vokale oder Konsonanten ausgelassen werden. Beispiele:

Originalwort	Vereinfachung	*Übersetzung*
εννέα	**εννιά**	*neun*
μιλάω	**μιλώ**	*ich spreche*
τα αυτοκίνητα	**τ' αυτοκίνητα**	*die Autos*
τα άλλα	**τ' άλλα**	*die anderen*
από εκεί	**απ' εκεί**	*von dort*
μου έφερε	**μου 'φερε**	*(er, sie, es) hat mir gebracht*
τρέξετε	**τρέξτε**	*rennt!*
ρίξε το	**ρίξ' το**	*wirf es!*
φέρε το	**φέρ' το**	*bring es!*
μέσα στο	**μες στο**	*in dem*
λέγει	**λέει**	*(er, sie, es) sagt*

a) Zwei Vokale können wie eine Silbe ausgesprochen werden:
   εννέα /enéa/ **εννιά** /enjá/

b) Zwei Vokale werden zu einem:
   μιλάω /miláo/ **μιλώ** /miló/

c) Endet ein Wort auf einem Vokal, fällt dieser häufig weg und wird durch einen Apostroph (') ersetzt:
   τα άλλα /ta álla/ **τ' άλλα** /tálla/
   ρίξε το /ríkse to/ **ρίξ' το** /ríksto/

d) Der Vokal am Beginn eines Wortes fällt häufig weg, wenn das vorangehende Wort auf einem Vokal endet. Dieser wird durch den Apostroph ersetzt:
   μου έφερε /mu éfere/ **μου 'φερε** /múfere/

e) Ein Vokal zwischen zwei Konsonanten entfällt (besonders beim Imperativ im Aorist):
   τρέξετε /tréksete/ **τρέξτε** /trékste/

f) Das **γ** kann zwischen zwei Vokalen wegfallen:
   λέγει /leji/ **λέει** /lei/

g) Das **v** wird benutzt, wenn das darauffolgende Wort mit einem Vokal oder mit den Konsonanten **κ**, **π**, **τ**, **ξ**, **ψ** bzw. den Konsonantenkombinationen **γκ**, **μπ**, **ντ**, **τσ**, **τζ** beginnt. In allen anderen Fällen fällt es weg. Beispiele:

τον ελέφαντα	*den Elefanten*
την καρέκλα	*den Stuhl*
τον τεμπέλη	*den Faulpelz*
την μπίρα	*das Bier*
την ντομάτα	*die Tomate*
τον ξενύχτη	*den Nachtschwärmer*
στην ψυχολόγο	*zur Psychologin*
την τσιγγούνα	*die Geizige*
τον τζίρο	*den Umsatz*
στη Γερμανία	*in Deutschland*
στη βιβλιοθήκη	*in der Bücherei*
στο γείτονα	*beim Nachbar*
στη ζούγκλα	*im Dschungel*
το λόξυγγα	*den Schluckauf*
στη σαλάτα	*im Salat*
το Φεβρουάριο	*im Februar*
το χειρούργο	*den Chirurg*

Weitere Beispiele in vollständigen Sätzen:

Θα πάω με τη φίλη μου στο σινεμά.	*Ich werde mit meiner Freundin ins Kino gehen.*
Τον Αύγουστο θα πάω με τον άνδρα μου διακοπές στη Ρόδο.	*Im August werde ich mit meinem Mann Urlaub auf Rhodos machen.*
Αύριο έχω ένα ραντεβού με τον κύριο Μαρκόπουλο.	*Morgen habe ich einen Termin mit Herrn Markopoulo.*

Die Wörter **όταν**, **αν**, **σαν**, **των** sowie die Personalpronomen **αυτόν**, **αυτήν**, **τον**, **την** behalten das **v**. **Τον** und **την** können Artikel oder Personalpronomen sein. Um hierbei unterscheiden zu können, kann Folgendes hilfreich sein: Wenn nach **τον**, **την** ein Substantiv folgt, sind sie Artikel. Wenn aber ein Verb folgt, dann sind sie Personalpronomen und behalten das **v**.

Betonung

In der griechischen Sprache wird die Wortbetonung beim Schreiben mit einem Akzent markiert.

Der Akzent ist ein Zeichen, das die genaue Betonung eines Wortes anzeigt. Er sitzt stets auf einem Vokal. Dieser Vokal wird lauter als die übrigen ausgesprochen.

Beispiele: **Γιώργος** *(Georg)*, **Σοφία** *(Sofia)*, **νερό** *(Wasser)*, **ψωμί** *(Brot)*.

Folgendes ist bei der Betonung zu beachten:

- Mehrsilbige Wörter tragen immer einen Akzent. Dieser kann auf einer der drei letzten Silben sitzen (man zählt die Silben von hinten). Beispiele: **άν-θρω-πος** *(Mensch)*, **ευ-τυ-χι-σμέ-νος** *(glücklich)*, **παι-δί** *(Kind)*.

- Einsilbige Wörter tragen kein Akzentzeichen. **Γεια σου** *(hallo)*, **και** *(und)*, **πες μου** *(sag mir)*. **Ausnahme**: Es gibt nur drei einsilbige Wörter, die zur Unterscheidung einen Akzent bekommen: die Fragewörter **πού** *(wo)*, **πώς** *(wie)* und die Konjunktion **ή** *(oder)*:

Πού θα πάτε φέτος διακοπές;	*Wo fahrt ihr dieses Jahr in Urlaub?*
Πώς σε λένε;	*Wie heißt du?*
Θέλεις καφέ **ή** τσάι;	*Möchtest du Kaffee oder Tee?*

- Wenn der Anfangsvokal eines Wortes groß geschrieben wird, steht der Akzent vor dem Vokal. Beispiel: **Έλα εδώ! Όχι, δε θέλω.** *(Komm her! Nein, ich will nicht.)*

- Wörter, die ganz in Großbuchstaben geschrieben werden, tragen keinen Akzent. Beispiel: ΑΘΗΝΑ, ΘΕΣΣΑΛΟΝΙΚΗ.

- Bei den Vokalkombinationen **οι**, **ει**, **αι**, **αυ**, **ευ**, **ου** wird der Akzent stets auf den zweiten Vokal gesetzt. Beispiele: **πεζοί** *(Fußgänger)*, **παίζω** *(spielen)*, **εκείνος** *(jener)*, **αύριο** *(morgen)*.
  Ausnahme: In einigen wenigen Wörtern wird bei den Vokalkombinationen der erste Buchstabe betont und deshalb getrennt ausgesprochen. Beispiel: **τσάι** *(Tee)*, **γάιδαρος** *(Esel)*, **νεράιδα** *(Fee)*.
  Bei anderen Vokalkombinationen, die getrennt ausgesprochen werden sollen und wo der erste Buchstabe nicht betont wird, bekommt der zweite Buchstabe zwei so genannte Trennpunkte: **χαϊδεύω** *(streicheln)*, **φαΐ** *(Essen)*, **γαϊδουράκι** *(Eselchen)*, **αϋπνία** *(Schlaflosigkeit)*.

- Wörter, die dekliniert bzw. konjugiert werden, ändern oft die Betonung. Beispiele: **ο άνεμος** *(der Wind)*, **του ανέμου** *(des Windes)*, **το παιδί** *(das Kind)*, **του παιδιού** *(des Kindes)*, **παίζω** *(ich spiele)*, **έπαιζα** *(ich spielte)*.

- Folgt auf ein Wort, das auf der drittletzten Silbe betont wird, ein schwaches Possessivpronomen (▶ Seite 52, Possessivpronomen) wie **μου**, **σου**, **του**, **της**, **μας**, **σας**, **τους**, dann bekommt das Wort einen zweiten Akzent auf der letzten Silbe:

Ο Νίκος είναι ο καλύτερός μου φίλος.	*Nikos ist mein bester Freund.*
Ο δάσκαλός σου είναι πολύ καλός.	*Dein Lehrer ist sehr gut.*

Abkürzungen in der griechischen Sprache

βλ.	βλέπε	*siehe*
γραμ.	γραμμάρια	*Gramm*
δηλ.	δηλαδή	*das heißt*
εκ.	εκατοστά	*Zentimeter*
κ. / Κος, Κα	κύριος, κυρία	*Herr, Frau*
κ.α.	και άλλα	*und andere*
κτλ.	και τα λοιπά	*und so weiter*
μ.	μέτρα	*Meter*
π.μ.	προ μεσημβρίας	*vormittags*
μ.μ.	μετά μεσημβρίας	*nachmittags*
π.χ.	παραδείγματος χάρη	*zum Beispiel*
π.Χ.	προ Χριστού	*vor Christus*
μ.Χ.	μετά Χριστόν	*nach Christus*
σ. / σελ.	σελίδα	*Seite*
Υ.Γ.	υστερόγραφο	*Postskriptum*
χιλ.	χιλιάδες	*tausend*
χμ.	χιλιόμετρα	*Kilometer*
Α	ανατολικός	*östlich*
Δ	δυτικός	*westlich*
Β	βόρειος	*nördlich*
Ν	νότιος	*südlich*
ΒΑ	βορειοανατολικός	*nordöstlich*
ΒΔ	βορειοδυτικός	*nordwestlich*
ΝΑ	νοτιοανατολικός	*südöstlich*
ΝΔ	νοτιοδυτικός	*südwestlich*

Griechische Satzzeichen

1.	Punkt (.)	6.	Strichpunkt (·)
2.	Komma (,)	7.	Klammern ( )
3.	Fragezeichen (;)	8.	Gedankenstrich (-)
4.	Ausrufezeichen (!)	9.	Anführungszeichen (« »)
5.	Doppelpunkt (:)	10.	Auslassungspunkte (…)

Weitere Zeichen:

1. Die Trennpunkte (¨). Vokalkombinationen, die dieses Zeichen
   (¨) tragen, werden getrennt ausgesprochen. Beispiele: **χαϊδεύω** *(strei-cheln)*, **φαΐ** *(Essen)*. ▶ Seite 15, Betonung

2. Manche wegfallende Vokale werden durch einen Apostroph ersetzt. Beispiele:
   απ' εκεί *(von dort)*, **μου 'φερε** *(er, sie, es) hat mir gebracht*. ▶ Seite 13,
   Ausfall von Vokalen und Konsonanten

Kommasetzung

Bei Aufzählungen in einem Satz werden einzelne Wörter oder Wortgruppen durch
Kommas getrennt.

Το φαγητό χρειάζεται λίγο ακόμα αλάτι, πιπέρι, ρίγανη και νερό.	*Das Essen braucht noch ein wenig Salz, Pfeffer, Oregano und Wasser.*

Ein Komma steht zwischen Sätzen, die durch **αλλά** *(aber)* verbunden sind.

Σήμερα βρέχει όλη μέρα, αλλά από αύριο θα έχει ήλιο.	*Heute regnet es den ganzen Tag, aber ab morgen wird es sonnig werden.*

Das Komma wird auch bei Zahlen mit Dezimalstellen gesetzt.

Αυτή η τσάντα κοστίζει 99,90 ευρώ.	*Diese Tasche kostet 99,90 Euro.*

Ein Komma wird bei dem Wort **ό,τι** *(alles was)* gesetzt.

Αγόρασε ό,τι θέλεις. Θα τα πλη-ρώσω όλα εγώ.	*Kauf, was du willst. Ich werde alles zahlen.*

Anreden werden mit Komma abgetrennt.

Ρένα, γιατί δεν πήγες στο σχο-λείο σήμερα;	*Rena, warum bist du heute nicht in die Schule gegangen?*

Sätze ohne Komma

Oft wird kein Komma gesetzt, wenn ein Nebensatz mit den folgenden Wörtern eingeleitet wird: **πως**, **ότι**, **που**, **μήπως**.

Μου είπε πως θα έρθει.	*Er hat gesagt, dass er kommt.*
Είμαι σίγουρη ότι θα τα κατα- φέρεις.	*Ich bin sicher, dass du es schaffst.*
Νομίζω ότι έχεις δίκιο.	*Ich glaube, dass du Recht hast.*
Φοβάται μήπως χάσει το τρένο.	*Er hat Angst den Zug zu verpassen.*

Vor indirekten Fragesätzen wird meist kein Komma gesetzt.

Δεν ήξερα τι να πω.	*Ich wusste nicht, was ich sagen soll.*
Πέστε μου πότε να σας ξανα- πάρω τηλέφωνο.	*Sagen Sie mir, wann ich wieder anrufen soll.*

Wortarten

Jede Sprache besteht aus Wörtern. Wir drücken uns mit Wörtern aus, bilden Sätze und kommunizieren miteinander. Die Wörter, die wir benutzen, weisen bestimmte Eigenschaften auf, so dass sie in bestimmte Kategorien unterteilt werden können. Diese Kategorien werden Wortarten genannt. Die Kenntnis der Wortarten vereinfacht das Erlernen einer Sprache.

In der vorliegenden Grammatik werden acht Wortarten der griechischen Sprache unterschieden: Artikel, Substantive, Adjektive, Pronomen, Verben inklusive Partizipien, Adverbien, Präpositionen und Konjunktionen.

Es folgen Beispielsätze, in denen diese acht Wortarten vorkommen. Die einzelnen Wortarten werden in separaten Kapiteln näher ausgeführt und erklärt. Hier wird zunächst ein Überblick der Wortarten mit einigen Beispielen gegeben. Die Hervorhebung zeigt die jeweilige Wortart.

1. Artikel

Ο ελέφαντας, **η** γάτα και **το** πρόβατο κοιμούνται.	*Der Elefant, die Katze und das Schaf schlafen.*

Artikel: **ο**, **η**, **το**: *der, die, das.*

2. Substantive

Ο **ελέφαντας**, η **γάτα** και το **πρόβατο** κοιμούνται.	*Der Elefant, die Katze und das Schaf schlafen.*

Substantive: **ελέφαντας**, **γάτα**, **πρόβατο**: *Elefant, Katze, Schaf.*

3. Adjektive

Ο **μεγάλος** ελέφαντας, η **ωραία** γάτα και το **άσπρο** πρόβατο κοιμούνται.	*Der große Elefant, die schöne Katze und das weiße Schaf schlafen.*

Adjektive: **μεγάλος**, **ωραία**, **άσπρο**: *groß, schön, weiß.*

4. Pronomen

Εγώ θέλω έναν ελέφαντα, **εσύ** μια γάτα και **αυτός** ένα πρόβατο.	*Ich will einen Elefanten, du willst eine Katze und er will ein Schaf.*

Pronomen: **εγώ**, **εσύ**, **αυτός**: *ich, du, er.*

5. Verben

Έχω μια γάτα, την οποία αγαπώ πολύ και με την οποία παίζω κάθε μέρα.

Ich habe eine Katze, die ich sehr liebe und mit der ich jeden Tag spiele.

Verben: **έχω**, **αγαπώ**, **παίζω**: *haben, lieben, spielen.*

5.1. Partizipien

Έκανε βόλτα τραγουδώντας.

Sie ist singend spazieren gegangen.

Partizip: **τραγουδώντας**: *singend.*

Τα φρεσκοπλυμένα ρούχα μυρίζουν ωραία.

Die frisch gewaschenen Kleider riechen gut.

Partizip: **φρεσκοπλυμένα**: *frisch gewaschen.*

6. Adverbien

Πάω συχνά στο σινεμά, αλλά σπάνια στο θέατρο.

Ich gehe oft ins Kino, aber selten ins Theater.

Adverbien: **σπάνια**, **συχνά**: *selten, oft.*

7. Präpositionen

Από τις 8 ως τις 10 η ώρα έχει στο ξενοδοχείο πρωινό.

Von 8 Uhr bis 10 Uhr gibt es im Hotel Frühstück.

Präpositionen: **από**, **ως**, **στο**: *von, bis, im.*

8. Konjunktionen

Ο ελέφαντας, η γάτα και το πρόβατο είναι ζώα.

Der Elefant, die Katze und das Schaf sind Tiere.

Konjunktionen: **και**: *und.*

Unter den acht Wortarten gibt es einige, die mehrere Formen haben und andere, die unverändert bleiben. Die ersten fünf Wortarten sind in ihrer Form veränderlich, das heißt, sie können dekliniert oder konjugiert werden. Die übrigen drei Wortarten trifft man nur in unveränderter Form an. In den Kapiteln zu den jeweiligen Wortarten wird detailliert auf die Veränderungsmöglichkeiten eingegangen.

Neben den 8 Wortarten gibt es noch einige Ausrufe:

Bewunderung	**αχ! ποπό! ω!**
Verweigerung	**α μπα!**
Ungewissheit	**χμ!**
Trauer, Schmerz	**αχ! οχ!, άου! ω!**
Ekel	**πα πα πα! πουφ!**
Ironie	**ε! ου!**
Verwunderung	**α! ο! μπα!**
Müdigkeit	**ουφ!**

Beispiel:

Αχ! τι όμορφη θάλασσα! **Αχ!** τι ωραίο ηλιοβασίλεμα!	*Oh, was für ein schönes Meer! Oh, was für ein schöner Sonnenuntergang.*

Zuletzt noch einige Partikel:

Θα	**Θα έρθω.**	*Ich werde kommen.*
Να	**Να η Μαρία.**	*Da ist Maria.*
	Να διαβάσεις.	*Du sollst lernen.*
Ας	**Ας φύγουμε!**	*Lass uns gehen.*

Singular, Plural, Kasus

Singular (Einzahl)

Ο φίλος μου δουλεύει πολύ.	*Mein Freund arbeitet viel.*
Η δουλειά του φίλου μου είναι κουραστική.	*Die Arbeit meines Freundes ist ermüdend.*
Σέβομαι το φίλο μου.	*Ich respektiere meinen Freund.*
Χάρη σε 'σένα, φίλε μου, δεν έκανα αυτό το λάθος.	*Dank dir, mein Freund, habe ich diesen Fehler nicht gemacht.*

Plural (Mehrzahl)

Οι φίλοι μου δουλεύουν πολύ.	*Meine Freunde arbeiten viel.*
Η δουλειά των φίλων μου είναι κουραστική.	*Die Arbeit meiner Freunde ist ermüdend.*
Σέβομαι τους φίλους μου.	*Ich respektiere meine Freunde.*
Χάρη σε 'σας, φίλοι μου, δεν έκανα αυτό το λάθος.	*Dank euch, meine Freunde, habe ich diesen Fehler nicht gemacht.*

Aus den obigen Beispielen wird ersichtlich, dass das Wort **φίλος** in Einzahl und Mehrzahl verschiedene Formen annimmt. Diese Formen werden Kasus (Fälle) genannt.

Kasus (Fall)

Es gibt in der griechischen Sprache vier Kasus (Fälle):

1. Der **Nominativ** antwortet auf die Frage *Wer oder Was?*

2. Der **Genitiv** antwortet auf die Frage *Wessen?*

3. Der **Akkusativ** antwortet auf die Frage *Wen oder Was?*

4. Der **Vokativ** ist der Anrede-Fall.
   Beispiele für den Vokativ: mein Gott! mein Freund!

Man könnte also auf die oben genannten Beispiele die Fragen *Wer? Wessen? Wen?* stellen und so den jeweiligen Fall herausfinden.
Wer arbeitet viel? Mein Freund. (Nominativ)
Wessen Arbeit ist ermüdend? Die meines Freundes. (Genitiv)
Wen respektiere ich? Meinen Freund. (Akkusativ)

Die neugriechische Sprache besitzt keinen **Dativ**, wie es im Altgriechischen und in anderen Sprachen heute der Fall ist. Der Dativ wird im Neugriechischen durch Genitiv und Akkusativ ausgedrückt.

Beispiele:

Τα κλειδιά είναι πάνω στο τρα-πέζι.	*Die Schlüssel sind auf dem Tisch.*

Im deutschen Satz wird der Dativ angewendet. Da es aber im Neugriechischen keinen Dativ gibt, wird die Präposition **σε** zusammen mit dem Artikel **το** (**στο**) im Akkusativ benutzt.

Δώσε μου το βιβλίο.	*Gib mir das Buch.*

Auch in diesem Beispiel wird im deutschen Satz der Dativ benutzt, im griechischen Satz dagegen der Genitiv.

	Singular	Plural
	Maskulinum	
Nominativ	**ο φίλος** *der Freund*	**οι φίλοι** *die Freunde*
Genitiv	**του φίλου** *des Freundes*	**των φίλων** *der Freunde*
Akkusativ	**το(ν)* φίλο** *den Freund*	**τους φίλους** *die Freunde*
Vokativ	**φίλε** *Freund*	**φίλοι** *Freunde*

* ▶ Seite 14, Ausfall von Vokalen und Konsonanten

Stamm und Endung

In der vorigen Tabelle wurde das Wort **φίλος** dekliniert. Dabei sieht man, dass sich bei der Deklination ein Teil des Wortes verändert, ein anderer Teil jedoch unverändert bleibt. Beispiel: **φίλ-ος**, **φίλ-ου**, **φίλ-οι**, **φίλ-ους**. Das **φίλ** bleibt gleich. Diesen unveränderten Teil des Wortes nennt man Stamm. Der letzte Teil des Wortes, der sich verändert, ist die Endung.

Wenn man den Stamm eines Wortes von der Endung trennt, so ist es leichter, die Deklination und Konjugation der Wörter zu lernen.

Als Artikel bezeichnet man ein Wort, das ein anderes begleitet und
a) sein Geschlecht ausdrückt, wie etwa:

ο ελέφαντας, **η γάτα**, **το πρόβατο** *(der Elefant, die Katze, das Schaf)*.
Der Artikel **ο** steht für das männliche Geschlecht.
Der Artikel **η** steht für das weibliche Geschlecht.
Der Artikel **το** steht für das neutrale Geschlecht.
b) Einzahl oder Mehrzahl definiert, wie zum Beispiel:

οι ελέφαντες, **οι γάτες**, **τα πρόβατα** *(die Elefanten, die Katzen, die Scha-fe)*. ▶ Seite 22, Singular, Plural, Kasus
c) den Kasus (Fall) erkennen lässt wie etwa:

τον ελέφαντα, **τις γάτες**, **τα πρόβατα** *(den Elefanten, den Katzen, die Schafe)*. ▶ Seite 22, Singular, Plural, Kasus
Man unterscheidet zwischen
den bestimmten Artikel **ο**, **η**, **το** *(der, die, das)*
und den unbestimmten Artikel **ένας**, **μια**, **ένα** *(ein, eine, ein)*.

Bestimmter Artikel

Wir benutzen den bestimmten Artikel, wenn wir etwas Konkretes bezeichnen wollen.

Ο ελέφαντας είναι το αγαπημέ-νο μου ζώο.	*Der Elefant ist mein Lieblingstier.*
Η γάτα του γείτονα είναι πολύ παιχνιδιάρα.	*Die Katze des Nachbars ist sehr ver-spielt.*
Το πρόβατο του παππού μου έχει απαλό μαλλί.	*Das Schaf meines Opas hat ein weiches Fell.*

Der bestimmte Artikel wird (hier in Begleitung eines Substantivs) wie folgt de-kliniert:

Singular			
	Maskulinum	Femininum	Neutrum
Nominativ	**ο φίλος** *der Freund*	**η φίλη** *die Freundin*	**το παιδί** *das Kind*
Genitiv	**του φίλου** *des Freundes*	**της φίλης** *der Freundin*	**του παιδιού** *des Kindes*
Akkusativ	**το(ν)* φίλο** *den Freund*	**τη(ν) φίλη** *die Freundin*	**το παιδί** *das Kind*
Vokativ	**φίλε** *Freund*	**φίλη** *Freundin*	**παιδί** *Kind*

* ▶ Seite 14, Ausfall von Vokalen und Konsonanten

Plural

	Maskulinum	Femininum	Neutrum
Nominativ	**οι φίλοι** *die Freunde*	**οι φίλες** *die Freundinnen*	**τα παιδιά** *die Kinder*
Genitiv	**των φίλων** *der Freunde*	**των φίλων** *der Freundinnen*	**των παιδιών** *der Kinder*
Akkusativ	**τους φίλους** *die Freunde*	**τις φίλες** *die Freundinnen*	**τα παιδιά** *die Kinder*
Vokativ	**φίλοι** *Freunde*	**φίλες** *Freundinnen*	**παιδιά** *Kinder*

Weitere Beispiele:

Τον Αύγουστο θα πάω διακοπές με **τους** φίλους μου.	*Im August werde ich mit meinen Freunden in Urlaub gehen.*
Σήμερα **το** βράδυ θα πάω με **τις** φίλες μου στο σινεμά.	*Heute Abend werde ich mit meinen Freundinnen ins Kino gehen.*

Unbestimmter Artikel

Wir benutzen den unbestimmten Artikel, wenn wir über etwas nicht Konkretes oder Allgemeines sprechen.

Ένας φίλος μου πήγε στην Κρήτη.	*Ein Freund von mir ist nach Kreta gegangen.*
Το Σάββατο παντρεύεται **μια** φίλη μου.	*Am Samstag heiratet eine Freundin von mir.*
Ο Κώστας είναι **ένα** έξυπνο παιδί.	*Kostas ist ein kluges Kind.*

Der unbestimmte Artikel wird wie folgt dekliniert:

Singular

	Maskulinum		Femininum		Neutrum	
Nominativ	**ένας**	*ein*	**μια**	*eine*	**ένα**	*ein*
Genitiv	**ενός**	*eines*	**μιας**	*einer*	**ενός**	*eines*
Akkusativ	**ένα(ν)**	*einen*	**μια**	*eine*	**ένα**	*ein*

Artikel mit der Präposition **σε**

Man trifft in der griechischen Sprache oft auf folgende Wörter:
στου, **στης**, **στον**, **στην**, **στο**, **στους**, **στις**, **στα**, **σε έναν**, **σε μια**, **σε ένα**.
Es sind die Kombination aus der Präposition **σε** und Artikel. Das Wort **σε** kann *in*, *nach*, *zu*, *auf*, *an*, *bei*, oder *um* bedeuten.

Der zusammengesetzte Artikel tritt im Genitiv und Akkusativ auf und wird wie folgt dekliniert:

Singular

	Maskulinum	Femininum	Neutrum
Genitiv	στου	στης	στου
Akkusativ	στο(ν)	στη(ν)	στο

Plural

	Maskulinum	Femininum	Neutrum
Genitiv	στων	στων	στων
Akkusativ	στους	στις	στα

In Verbindung mit dem unbestimmten Artikel bleiben die beiden getrennt:

Singular

	Maskulinum	Femininum	Neutrum
Akkusativ	σε ένα(ν)	σε μια	σε ένα

Beispiele:

Η Μαρία πήγε στο γιατρό.	*Maria war beim Arzt.*
Το πουλόβερ είναι μέσα στην ντουλάπα.	*Der Pulli ist im Schrank.*
Τον Ιούνιο θα πάω στην Ελλάδα.	*Im Juni gehe ich nach Griechenland.*
Τα κλειδιά είναι πάνω στο τραπέζι.	*Die Schlüssel sind auf dem Tisch.*
Τον συνάντησα στις 9:00 π.μ. στο σταθμό.	*Ich habe ihn um 9:00 Uhr am Bahnhof getroffen.*
Χθες είδα το Γιώργο σε ένα εστιατόριο.	*Gestern habe ich Georg in einem Restaurant gesehen.*

Gebrauch des Artikels

Personennamen, Städte- und Ländernamen werden von einem Artikel begleitet:

Ο Γιώργος είναι ο καλύτερός μου φίλος.	*Georg ist mein bester Freund.*
Η Θεσσαλονίκη βρίσκεται στη βόρεια Ελλάδα.	*Thessaloniki befindet sich im Norden Griechenlands.*
Η Ελλάδα έχει πολλά ωραία νησιά.	*Griechenland hat viele schöne Inseln.*
Από πού είσαι; Είμαι από την Αυστρία.	*Woher kommst du? Ich komme aus Österreich.*

Will man auf einen bestimmten Tag, Monat oder eine bestimmte Jahreszeit hinweisen, verwendet man den Artikel im Akkusativ:

Τη Δευτέρα θα έχουμε καλό καιρό.	*Am Montag werden wir schönes Wetter haben.*
Τον Αύγουστο θα πάμε διακοπές στην Κάρπαθο.	*Im August machen wir Urlaub auf Karpathos.*
Φέτος την άνοιξη έβρεχε συνέχεια.	*Dieses Jahr im Frühling hat es ständig geregnet.*

Fälle ohne Artikel

1. In Überschriften, Buchtiteln u. ä. wird der Artikel oft weggelassen.

«Αγάπη και αίμα» είναι ο τίτλος ενός έργου.	*„Blut und Liebe" ist der Titel eines Films.*

2. In Verbindung mit: **είμαι, γίνομαι** *(sein, werden)* wird meist kein Artikel benutzt.

Ο Νίκος είναι γιατρός.	*Nikos ist Arzt.*
Η Μάρθα θα γίνει μητέρα.	*Martha wird Mutter.*

3. Bei Personennamen, Städte- und Ländernamen im Vokativ wird ebenfalls kein Artikel verwendet.

Γρηγόρη, έλα εδώ σε χρειάζομαι!	*Gregor, komm her, ich brauche dich!*

4. Weiterhin wird in Begleitung der Verben **λέω, λέγομαι, ονομάζομαι** *(nennen, heißen)* kein Artikel benutzt.

Τον λένε Γιώργο Αθανασιάδη.   *Er heißt Georg Athanasiadis.*

Ονομάζομαι Μαργαρίτα Καραγιάννη.   *Ich heiße Margarita Karajanni.*

5. Der Artikel kann bei Reisezielen, die von einer Präposition begleitet werden, weggelassen werden:

Τι ώρα φεύγει το πλοίο για Μήλο;   *Um wie viel Uhr fährt das Schiff nach Milos?*

4 Substantive

Substantive (auch Nomen oder Hauptwörter genannt) sind Wörter, die Personen, Orte, Tiere, Pflanzen, abstrakte Dinge oder konkrete Gegenstände bezeichnen.

Personen und Personennamen: Frau, Mann, Gregor, Maria.
Länder, Städte, Flüsse, Berge: Deutschland, Athen, Donau, Olymp.
Tiere und Pflanzen: Katze, Elefant, Kastanienbaum.
abstrakte Dinge: Frieden, Demokratie, Freude.
konkrete Gegenstände: Tisch, Stuhl, Fenster, Buch.

Merkmale

1. Genus: Bei Substantiven unterscheidet man drei Geschlechter: Maskulinum (männlich), Femininum (weiblich), Neutrum (sächlich):
   ο ελέφαντας, η γάτα, το πρόβατο *(der Elefant, die Katze, das Schaf)*.
   Die Zuordnung der Geschlechter variiert von Sprache zu Sprache:
   το τραπέζι, η καρέκλα, ο ήλιος *(der Tisch, der Stuhl, die Sonne)*.

2. Numerus: Substantive können sich in der Einzahl oder in der Mehrzahl befinden: **οι ελέφαντες, οι γάτες, τα πρόβατα** *(die Elefanten, die Katzen, die Schafe)*. ▶ Seite 22, Singular, Plural, Kasus

3. Kasus: Substantive treten immer in einem Kasus (Fall) auf: Nominativ, Genitiv, Akkusativ oder Vokativ:
   ο ελέφαντας, του ελέφαντα, τον ελέφαντα, ελέφαντα *(der Elefant, des Elefanten, den Elefanten, Elefant!)*. ▶ Seite 22, Singular, Plural, Kasus

4. Der Vokativ wird **nur** bei Wörtern auf **-ος** extra aufgeführt, da er nur dort Unterschiede aufweist. Bei allen anderen Substantiven ist der Vokativ gleich wie der Akkusativ.

5. Das Geschlecht eines Substantivs wird durch Artikel und Endung ausgedrückt. Hier die gebräuchlichsten Substantiv-Endungen:

Endungen im Maskulinum:	**-ος, -ης, -ας, -ες, -ους, -εας.**
Endungen im Femininum:	**-α, -η, (-ος, -ω, -ου).**
Endungen im Neutrum:	**-ο, -ι, (-α, -ος, -ας, -ως, -ν, -υ).**

Aus der Tabelle wird deutlich, dass manche Substantive, die gleiche Endung haben können, obwohl sie unterschiedlichen Geschlechts sind. Beispiele:
ο χυμός, η οδός, το μέρος *(der Saft, die Straße, der Ort)*
ο άνδρας, το κρέας *(der Mann, das Fleisch)*
η καρέκλα, το γάλα *(der Stuhl, die Milch)*.

Großbuchstaben

Im Allgemeinen werden alle Wörter im Griechischen klein geschrieben.
In folgenden Fällen werden Substantive großgeschrieben:

1. Personennamen: **Νίκος**, **Κούλα**, **Γιώργος**, **Ρένα** *(Nikos, Kula, Georg, Rena)*.

2. Länder, Städte, Flüsse, Berge: **Ελλάδα**, **Αθήνα**, **Δούναβης**, **Όλυμπος** *(Griechenland, Athen, Donau, Olymp)*.

3. Substantive, die die Nationalität ausdrücken: **Έλληνας**, **Γερμανός**, **Γάλλος** *(Grieche, Deutscher, Franzose)*.

4. Wochentage, Monate und Feiertage: **Δευτέρα**, **Ιανουάριος**, **Πάσχα**, **Χριστούγεννα** *(Montag, Januar, Ostern, Weihnachten)*.

5. Wörter religiösen Ursprungs: **Θεός**, **Ιησούς Χριστός** *(Gott, Jesus Christus)*.

6. Kunstwerke, literarische Werke: **η Μόνα Λίζα**, **η Οδύσσεια** *(die Mona Lisa, die Odyssee)*.

Deklination Maskulinum

Maskulinum auf -ης, -ας, -ες, -ους:

			-ης	-ας	-ες	-ους
Singular	Nom.	**ο** / *der*	**μαθητής** / *Schüler*	**μήνας** / *Monat*	**καφές** / *Kaffee*	**παππούς** / *Opa*
	Gen.	**του** / *des*	**μαθητή** / *Schülers*	**μήνα** / *Monats*	**καφέ** / *Kaffees*	**παππού** / *Opas*
	Akk.	**το(ν)** / *den*	**μαθητή** / *Schüler*	**μήνα** / *Monat*	**καφέ** / *Kaffee*	**παππού** / *Opa*
Plural	Nom.	**οι** / *die*	**μαθητές** / *Schüler*	**μήνες** / *Monate*	**καφέδες** / *Kaffees*	**παππούδες** / *Opas*
	Gen.	**των** / *der*	**μαθητών** / *Schüler*	**μηνών** / *Monate*	**καφέδων** / *Kaffees*	**παππούδων** / *Opas*
	Akk.	**τους** / *die*	**μαθητές** / *Schüler*	**μήνες** / *Monate*	**καφέδες** / *Kaffees*	**παππούδες** / *Opas*

Merkmale

1. Im Nominativ Singular enden alle Maskulina auf **-ς**.

2. Genitiv und Akkusativ Singular sind bei allen maskulinen Substantiven auf **-ης, -ας, -ες, -ους** gleich.

3. Nominativ und Akkusativ Plural dieser Substantive sind gleich.

4. Alle diese Substantive enden im Genitiv Plural auf **-ων**.

5. Bei Substantiven auf **-ες**, **-ους** wird im Plural eine Silbe hinzugefügt:
   ο παπ-πούς, οι παπ-πού-δες *(der Opa, die Opas)*.

Maskulinum auf -ος

		-ός	-ος	-ος
Singular Nom.	**ο** *der*	**γιατρός** *Arzt*	**φίλος** *Freund*	**άνεμος** *Wind*
Gen.	**του** *des*	**γιατρού** *Arztes*	**φίλου** *Freundes*	**ανέμου** *Windes*
Akk.	**το(ν)** *den*	**γιατρό** *Arzt*	**φίλο** *Freund*	**άνεμο** *Wind*
Vok.	**-**	**γιατρέ** *Arzt*	**φίλε** *Freund*	**άνεμε** *Wind*
Plural Nom.	**οι** *die*	**γιατροί** *Ärzte*	**φίλοι** *Freunde*	**άνεμοι** *Winde*
Gen.	**των** *der*	**γιατρών** *Ärzte*	**φίλων** *Freunde*	**ανέμων** *Winde*
Akk.	**τους** *die*	**γιατρούς** *Ärzte*	**φίλους** *Freunde*	**ανέμους** *Winde*
Vok.	**-**	**γιατροί** *Ärzte*	**φίλοι** *Freunde*	**άνεμοι** *Winde*

Merkmale

1. Im Nominativ Singular enden alle Maskulina auf **-ς**.

2. Im Singular bleiben die übrigen Fälle ohne **-ς**.

3. Der Vokativ Singular wird auf **-ε** gebildet. Ausnahme: Einige Substantive, die auf der zweitletzten Silbe im Nominativ Singular betont werden. Beispiel:
   Νίκο! Γιώργο! Πέτρο! Σπύρο!

4. Im Genitiv Plural haben alle Maskulina die Endung **-ων**.

5. Der Vokativ Plural ist gleich wie der Nominativ Plural.

Maskulinum auf -εας

Singular			-εας
	Nom.	**ο/η** *der/die*	**γραμματέας*** *Sekretär/Sekretärin*
	Gen.	**του/της** *des/der*	**γραμματέα** *Sekretärs/Sekretärin*
	Akk.	**το(ν)/τη(ν)** *den/die*	**γραμματέα** *Sekretär/Sekretärin*

Plural			
	Nom.	**οι** *die*	**γραμματείς** *Sekretäre/Sekretärinnen*
	Gen.	**των** *der*	**γραμματέων** *Sekretäre/Sekretärinnen*
	Akk.	**τους/τις** *die*	**γραμματείς** *Sekretäre/Sekretärinnen*

*Manche Berufsbezeichnungen sind männlichen und weiblichen Geschlechts.

Deklination Femininum

Femininum auf -α

Singular			-ά	-α	-α
	Nom.	**η** *die*	**χαρά** *Freude*	**χώρα** *Land**	**θάλασσα** *Meer**
	Gen.	**της** *der*	**χαράς** *Freude*	**χώρας** *Landes*	**θάλασσας** *Meeres*
	Akk.	**τη(ν)** *die*	**χαρά** *Freude*	**χώρα** *Land*	**θάλασσα** *Meer*

Plural					
	Nom.	**οι** *die*	**χαρές** *Freuden*	**χώρες** *Länder*	**θάλασσες** *Meere*
	Gen.	**των** *der*	**χαρών** *Freuden*	**χωρών** *Länder*	**θαλασσών** *Meere*
	Akk.	**τις** *die*	**χαρές** *Freuden*	**χώρες** *Länder*	**θάλασσες** *Meere*

*Die Wörter „Land" und „Meer" sind in der griechischen Sprache weiblich.

Femininum auf -η

Singular		-ή	-η	-η
Nom.	**η** *die*	**φωνή** *Stimme*	**τέχνη** *Kunst*	**απόφαση** *Entscheidung*
Gen.	**της** *der*	**φωνής** *Stimme*	**τέχνης** *Kunst*	**απόφασης/εως** *Entscheidung*
Akk.	**τη(ν)** *die*	**φωνή** *Stimme*	**τέχνη** *Kunst*	**απόφαση** *Entscheidung*

Plural				
Nom.	**οι** *die*	**φωνές** *Stimmen*	**τέχνες** *Künste*	**αποφάσεις** *Entscheidungen*
Gen.	**των** *der*	**φωνών** *Stimmen*	**τεχνών** *Künste*	**αποφάσεων** *Entscheidungen*
Akk.	**τις** *die*	**φωνές** *Stimmen*	**τέχνες** *Künste*	**αποφάσεις** *Entscheidungen*

Femininum auf -α, -ου

Singular		-α	-ού
Nom.	**η** *die*	**γιαγιά** *Oma*	**αλεπού** *Fuchs**
Gen.	**της** *der*	**γιαγιάς** *Oma*	**αλεπούς** *Fuchses*
Akk.	**τη(ν)** *die*	**γιαγιά** *Oma*	**αλεπού** *Fuchs*

Plural			
Nom.	**οι** *die*	**γιαγιάδες** *Omas*	**αλεπούδες** *Füchse*
Gen.	**των** *der*	**γιαγιάδων** *Omas*	**αλεπούδων** *Füchse*
Akk.	**τις** *die*	**γιαγιάδες** *Omas*	**αλεπούδες** *Füchse*

*Das Wort „Fuchs" ist in der griechischen Sprache weiblich.

Merkmale

1. Nominativ und Akkusativ Singular bleiben bei den femininen Substantiven auf -α, -η gleich.
2. Der Genitiv Plural endet auf -ων, manchmal auch auf -εων.
3. Nominativ und Akkusativ Plural bleiben gleich.

Femininum auf -ος

Singular			-ος	-ος
	Nom.	**η** *die*	**οδός** *Straße*	**είσοδος** *Eingang**
	Gen.	**της** *der*	**οδού** *Straße*	**εισόδου** *Eingangs*
	Akk.	**τη(v)** *die*	**οδό** *Straße*	**είσοδο** *Eingang*
	Vok.	**-**	**οδέ** *Straße*	**είσοδε** *Eingang*

Plural				
	Nom.	**οι** *die*	**οδοί** *Straßen*	**είσοδοι** *Eingänge*
	Gen.	**των** *der*	**οδών** *Straßen*	**εισόδων** *Eingänge*
	Akk.	**τις** *die*	**οδούς** *Straßen*	**εισόδους** *Eingänge*
	Vok.	**-**	**οδοί** *Straßen*	**είσοδοι** *Eingänge*

*Das Wort „Eingang" ist in der griechischen Sprache weiblich.

Feminina auf **-ος** haben die gleichen Endungen wie die Maskulina auf **-ος**.

Deklination Neutrum

Neutrum auf -ο

Singular			-ό	-ο	-ο
	Nom.	**το** *das*	**βουνό** *Berg**	**βιβλίο** *Buch*	**θέατρο** *Theater*
	Gen.	**του** *des*	**βουνού** *Berges*	**βιβλίου** *Buches*	**θεάτρου** *Theaters*
	Akk.	**το** *das*	**βουνό** *Berg*	**βιβλίο** *Buch*	**θέατρο** *Theater*

Plural					
Nom.	**τα** *die*	**βουνά** *Berge*	**βιβλία** *Bücher*	**θέατρα** *Theater*
Gen.	**των** *der*	**βουνών** *Berge*	**βιβλίων** *Bücher*	**θεάτρων** *Theater*
Akk.	**τα** *die*	**βουνά** *Berge*	**βιβλία** *Bücher*	**θέατρα** *Theater*

*Das Wort „Berg" ist in der griechischen Sprache neutralen Geschlechts.

Neutrum auf -ι, -ος

Singular			-ό	-ι	-ος
Nom.	**το** *das*	**ψωμί** *Brot*	**ποτήρι** *Glas*	**δάσος** *Wald**
Gen.	**του** *des*	**ψωμιού** *Brotes*	**ποτηριού** *Glases*	**δάσους** *Waldes*
Akk.	**το** *das*	**ψωμί** *Brot*	**ποτήρι** *Glas*	**δάσος** *Wald*

Plural					
Nom.	**τα** *die*	**ψωμιά** *Brote*	**ποτήρια** *Gläser*	**δάση** *Wälder*
Gen.	**των** *der*	**ψωμιών** *Brote*	**ποτηριών** *Gläser*	**δασών** *Wälder*
Akk.	**τα** *die*	**ψωμιά** *Brote*	**ποτήρια** *Gläser*	**δάση** *Wälder*

*Das Wort „Wald" ist in der griechischen Sprache neutralen Geschlechts.

Neutrum auf -μα, -ως

Singular			-μα	-μα	-ως
Nom.	**το** *das*	**χρώμα** *Farbe**	**πρόβλημα** *Problem*	**φως** *Licht*
Gen.	**του** *des*	**χρώματος** *Farbe*	**προβλήματος** *Problems*	**φωτός** *Lichtes*
Akk.	**το** *das*	**χρώμα** *Farbe*	**πρόβλημα** *Problem*	**φως** *Licht*

Plural	Nom.	**τα** / *die*	**χρώματα** / *Farben*	**προβλήματα** / *Probleme*	**φώτα** / *Lichter*
	Gen.	**των** / *der*	**χρωμάτων** / *Farben*	**προβλημάτων** / *Probleme*	**φωτών** / *Lichter*
	Akk.	**τα** / *die*	**χρώματα** / *Farben*	**προβλήματα** / *Probleme*	**φώτα** / *Lichter*

*Das Wort „Farbe" ist in der griechischen Sprache neutralen Geschlechts.

Neutrum auf -ος, -ας, -ον

			-ος	-ας	-ον
Singular	Nom.	**το** / *das*	**γεγονός** / *Ereignis*	**τέρας** / *Monster*	**καθήκον** / *Pflicht*
	Gen.	**του** / *des*	**γεγονότος** / *Ereignisses*	**τέρατος** / *Monsters*	**καθήκοντος** / *Pflicht*
	Akk.	**το** / *das*	**γεγονός** / *Ereignis*	**τέρας** / *Monster*	**καθήκον** / *Pflicht*
Plural	Nom.	**τα** / *die*	**γεγονότα** / *Ereignisse*	**τέρατα** / *Monster*	**καθήκοντα** / *Pflichten*
	Gen.	**των** / *der*	**γεγονότων** / *Ereignisse*	**τεράτων** / *Monster*	**καθηκόντων** / *Pflichten*
	Akk.	**τα** / *die*	**γεγονότα** / *Ereignisse*	**τέρατα** / *Monster*	**καθήκοντα** / *Pflichten*

*Das Wort „Pflicht" ist in der griechischen Sprache neutralen Geschlechts.

Merkmale

1. Nominativ und Akkusativ Singular bleiben gleich.

2. Nominativ und Akkusativ Plural bleiben gleich.

3. Genitiv Plural endet auf **-ων**.

Gleichsilbige und ungleichsilbige Substantive

Bei einigen Substantiven wird in der Deklination eine Silbe hinzugefügt. Beispiel:

Ο κήπος του παππού μου είναι πολύ μεγάλος. *Der Garten meines Opas ist sehr groß.*

Οι κήποι των παππούδων μου είναι πολύ μεγάλοι. *Die Gärten meiner Opas sind sehr groß.*

Man sieht hier, dass das Wort **κή-πος** im Singular und im Plural (**κή-ποι**) dieselbe Silbenzahl hat, während das Wort **παπ-πούς** (Genitiv: **παπ-πού**) im Plural noch eine Silbe dazu bekommt (**παπ-πού-δες**, Genitiv: **παπ-πού-δων**).

Es gibt demnach gleichsilbige und ungleichsilbige Substantive. Gleichsilbig heißen Substantive, die bei der Deklination ihre Silbenanzahl beibehalten. Ungleichsilbig sind jene Substantive, die in der Deklination eine Silbe dazu bekommen.
Man kann in einem Griechisch-Griechischen Wörterbuch nachschlagen, ob ein Substantiv gleich- oder ungleichsilbig ist: Bei einem ungleichsilbigen Substantiv sind nach dem Nominativ Singular meist noch Genitiv und Plural mit abweichender Silbenzahl angegeben.
Bezeichnend für die ungleichsilbigen Substantive sind im Plural die Endung **-δες** für maskuline und feminine Substantive sowie im Singular die Endungen **-μα**, **-σιμο**, **-ας**, **-ως** für das Neutrum.

Bei den Substantiven hängt die Betonung im Genitiv Plural davon ab, ob ein Substantiv gleichsilbig oder ungleichsilbig ist.

Die folgende Tabelle zeigt, wie die Betonung von gleichsilbigen und ungleichsilbigen maskulinen Substantiven im Genitiv Plural variiert. Für die weiblichen und sächlichen Substantive gibt es hier keine einheitlichen Regeln.
Je nach Endung und der Unterscheidung gleichsilbig oder ungleichsilbig erfolgt die Betonung im Genitiv Plural auf der drittletzten, auf der zweitletzten oder manchmal auch auf der letzten Silbe eines Wortes.
Der rechte Teil der Tabelle gibt an, welche Silbe (vom Wortende aus gezählt) betont wird.

Betonung des Genitiv Plural

	Endungen im Nominativ Singular	Silben vor Ende		
		3	2	1
Gleichsilbig	-ώνας, -όνας, -ήρας u. a.		•	
	-ίας, -ύας, zweisilbig -ας			•
	-ωας, -ωνας, -ονας, -οντας, -ορας, -ακας, -υγγας, -υκας u. a.		•	
	-ης, -ής			•
	-εας		•	
	-ος, -ός	•	•	•
Ungleichsilbig	-ας, -άς		•	
	-ης	• *	•	
	-ές, -ούς		•	

*Hier gilt: die ungleichsilbigen Substantive auf **-ης**, die im Nominativ Singular auf der zweitletzten oder letzten Silbe betont werden, behalten dies immer bei. Jene Substantive, die auf der drittletzten Silbe betont werden, werden im Genitiv Plural ebenfalls dort betont. Beispiel:
ο μανάβης, των μανάβηδων, ο φούρναρης, των φουρνάρηδων.

Die folgenden Beispiele sollen helfen, die Tabelle zu verdeutlichen. Es werden einige Endungen herausgegriffen und entsprechende Substantive im Nominativ Singular und Genitiv Plural gebildet:

ο αγώνας	**των αγώνων**	**-ώνας**
ο μήνας	**των μηνών**	**zweisilbig -ας**
ο γείτονας	**των γειτόνων**	**-ονας**
ο επιβάτης	**των επιβατών**	**-ης**
ο γραμματέας	**των γραμματέων**	**-έας**
ο βουλευτής	**των βουλευτών**	**-τής**
ο μάγος	**των μάγων**	**-ος**
ο γιατρός	**των γιατρών**	**-ός**
ο παπάς	**των παπάδων**	**-ας**
ο μανάβης	**των μανάβηδων**	**-ης**
ο καφετζής	**των καφετζήδων**	**-ής**
ο καφές	**των καφέδων**	**-ές**
ο παππούς	**των παππούδων**	**-ούς**

Gebrauch der Substantive

Gebrauch im Genitiv

Besitz anzeigender Genitiv

η τσάντα της Έφης	*Efis Tasche*
το βιβλίο του Σάκη	*Sakis Buch*

Genitiv bei Nachnamen

Manche männlichen Nachnamen stehen im Nominativ, die weiblichen dagegen im Genitiv.

ο κύριος Καραγιάννης	*Herr Karajannis*
η κυρία Καραγιάννη	*Frau Karajanni*
ο κύριος Αθανασιάδης	*Herr Athanasiadis*
η κυρία Αθανασιάδου	*Frau Athanasiadou*
ο κύριος Παπαδόπουλος	*Herr Papadopoulos*
η κυρία Παπαδοπούλου	*Frau Papadopoulou*

Andere Nachnamen stehen sowohl in der männlichen wie in der weiblichen Form im Genitiv.

ο κύριος Ιωάννου	*Herr Ioannou*
η κυρία Ιωάννου	*Frau Ioannou*

Genitiv bei Altersangaben

Πόσων χρονών είναι ο Γιώργος;	*Wie alt ist Georg?*
Είναι έξι χρονών.	*Er ist sechs Jahre alt.*

Genitiv nach Präpositionen

Εξαιτίας της κακοκαιρίας	*Wegen des schlechten Wetters*
Μεταξύ φίλων	*Zwischen Freunden*

Genitiv mit der Funktion eines Adverbs

Θα έρθω του χρόνου.	*Ich werde nächstes Jahr kommen.*
Χθες το βράδυ έγινε της τρελής.	*Gestern Abend war die Hölle los.*

Πεθαίνω της πείνας.	*Ich sterbe vor Hunger.*
Χθες φάγαμε του σκασμού.	*Gestern haben wir bis zum Platzen / übermäßig gegessen.*

Genitiv bei Begrüßungen, Wünschen, Anreden

Περαστικά σου!	*(Dir) gute Besserung!*
Γεια σου!	*(Dir) hallo!*
Μπράβο της!	*(Ihr) bravo!*
Καλησπέρα σας!	*(Ihnen) guten Abend!*

Gebrauch im Akkusativ

Akkusativ mit der Funktion eines Adverbs

Διάβαζα όλη τη μέρα.	*Ich habe den ganzen Tag gelernt.*
Περπάτησα 4 χιλιόμετρα.	*Ich bin 4 Kilometer gelaufen.*
τη Δευτέρα	*am Montag*
τον Ιούνιο	*im Juni*
την άνοιξη	*im Frühling*
τη νύχτα	*in der Nacht*
τα Χριστούγεννα	*an Weihnachten*
το Πάσχα	*an Ostern*

Akkusativ nach Präpositionen

Θα πάω στον Κώστα.	*Ich gehe zu Kosta.*
Ένα δώρο για ΄σένα.	*Ein Geschenk für dich.*
Από τη Θεσσαλονίκη	*Aus Thessaloniki*

Akkusativ in feststehenden Ausdrucksweisen

Πώς τα περάσατε στις διακοπές;	*sinngemäß: Wie war's im Urlaub?*
Θα τα καταφέρω.	*Ich werde es schaffen.*
Θα τα πούμε.	*sinngemäß: Wir sehen uns.*

Τα 'μαθες;	*Hast du es erfahren?*
Τα 'κανες θάλασσα.	*sinngemäß: Du hast es vermasselt.*
Τα φτιάξανε πάλι.	*sinngemäß: Sie sind wieder zusammen.*
Τα χάλασαν(ε) πριν από ένα μήνα.	*sinngemäß: Sie haben vor einem Monat Schluss gemacht.*

Gebrauch im Dativ

Zum Dativ siehe auch Kapitel: Singular, Plural, Kasus, Seite 22.
In der neugriechischen Sprache sind einige Ausdrücke des altgriechischen Dativs erhalten geblieben. Hier ein paar Beispiele:

εντάξει	*in Ordnung*
εν τω μεταξύ	*inzwischen, in der Zwischenzeit*
εν πάση περιπτώσει	*jedenfalls*
λόγω	*aufgrund*
δόξα τω Θεώ	*Gott sei Dank*

5 Adjektive

Durch das Adjektiv werden Substantiv und Verb näher bestimmt. Beispiele:

Έχουμε ωραία θέα
από το μπαλκόνι μας.

Wir haben eine schöne Aussicht
von unserem Balkon.

Το άσπρο μου πουλόβερ είναι
πολύ ζεστό.

Mein weißer Pulli ist
sehr warm.

Ποιανού είναι αυτά τα όμορφα
λουλούδια;

Wem gehören diese schönen Blumen?

Merkmale:

1. Wie man den oberen drei Beispielen entnehmen kann, passt sich das Adjektiv in Numerus, Genus und Kasus dem Substantiv an.

2. Adjektive und Substantive, die gleiche Endungen haben, werden auch gleich dekliniert.

3. Adjektive verändern bei der Deklination ihre Betonung meist nicht.

Regelmäßige Adjektive

Adjektive auf -ος, -α, -ο

		Maskulinum	Femininum	Neutrum
Singular	Nom.	ο ωραίος *der schöne*	η ωραία *die schöne*	το ωραίο *das schöne*
	Gen.	του ωραίου *des schönen*	της ωραίας *der schönen*	του ωραίου *des schönen*
	Akk.	τον ωραίο *den schönen*	την ωραία *die schöne*	το ωραίο *das schöne*
	Vok.	ωραίε *schöner*	ωραία *schöne*	ωραίο *schönes*
Plural	Nom.	οι ωραίοι *die schönen*	οι ωραίες *die schönen*	τα ωραία *die schönen*
	Gen.	των ωραίων *der schönen*	των ωραίων *der schönen*	των ωραίων *der schönen*
	Akk.	τους ωραίους *die schönen*	τις ωραίες *die schönen*	τα ωραία *die schönen*
	Vok.	ωραίοι *schöne*	ωραίες *schöne*	ωραία *schöne*

Adjektive auf -ος, -η, -ο

		Maskulinum	Femininum	Neutrum
Singular	Nom.	**ο άσπρος** *der weiße*	**η άσπρη** *die weiße*	**το άσπρο** *das weiße*
	Gen.	**του άσπρου** *des weißen*	**της άσπρης** *der weißen*	**του άσπρου** *des weißen*
	Akk.	**τον άσπρο** *den weißen*	**την άσπρη** *die weiße*	**το άσπρο** *das weiße*
	Vok.	**άσπρε** *weißer*	**άσπρη** *weiße*	**άσπρο** *weißes*
Plural	Nom.	**οι άσπροι** *die weißen*	**οι άσπρες** *die weißen*	**τα άσπρα** *die weißen*
	Gen.	**των άσπρων** *der weißen*	**των άσπρων** *der weißen*	**των άσπρων** *der weißen*
	Akk.	**τους άσπρους** *die weißen*	**τις άσπρες** *die weißen*	**τα άσπρα** *die weißen*
	Vok.	**άσπροι** *weiße*	**άσπρες** *weiße*	**άσπρα** *weiße*

Adjektive auf -ύς, -ιά, -ύ

		Maskulinum	Femininum	Neutrum
Singular	Nom.	**ο πλατύς** *der breite*	**η πλατιά** *die breite*	**το πλατύ** *das breite*
	Gen.	**του πλατιού** *des breiten*	**της πλατιάς** *der breiten*	**του πλατιού** *des breiten*
	Akk.	**τον πλατύ** *den breiten*	**την πλατιά** *die breite*	**το πλατύ** *das breite*
	Vok.	**πλατύ** *breiter*	**πλατιά** *breite*	**πλατύ** *breites*

		Maskulinum	Femininum	Neutrum
Plural	Nom.	**οι πλατιοί** *die breiten*	**οι πλατιές** *die breiten*	**τα πλατιά** *die breiten*
	Gen.	**των πλατιών** *der breiten*	**των πλατιών** *der breiten*	**των πλατιών** *der breiten*
	Akk.	**τους πλατιούς** *die breiten*	**τις πλατιές** *die breiten*	**τα πλατιά** *die breiten*
	Vok.	**πλατιοί** *breite*	**πλατιές** *breite*	**πλατιά** *breite*

Unregelmäßige Adjektive

Adjektive auf -ης, -ης, -ες

		Maskulinum	Femininum	Neutrum
Singular	Nom.	**ο ειλικρινής** *der ehrliche*	**η ειλικρινής** *die ehrliche*	**το ειλικρινές** *das ehrliche*
	Gen.	**του ειλικρινούς** *des ehrlichen*	**της ειλικρινούς** *der ehrlichen*	**του ειλικρινούς** *des ehrlichen*
	Akk.	**τον ειλικρινή** *den ehrlichen*	**την ειλικρινή** *die ehrliche*	**το ειλικρινές** *das ehrliche*
	Vok.	**ειλικρινής** *ehrlicher*	**ειλικρινής** *ehrliche*	**ειλικρινές** *ehrliches*
Plural	Nom.	**οι ειλικρινείς** *die ehrlichen*	**οι ειλικρινείς** *die ehrlichen*	**τα ειλικρινή** *die ehrlichen*
	Gen.	**των ειλικρινών** *der ehrlichen*	**των ειλικρινών** *der ehrlichen*	**των ειλικρινών** *der ehrlichen*
	Akk.	**τους ειλικρινείς** *die ehrlichen*	**τις ειλικρινείς** *die ehrlichen*	**τα ειλικρινή** *die ehrlichen*
	Vok.	**ειλικρινείς** *ehrliche*	**ειλικρινείς** *ehrliche*	**ειλικρινή** *ehrliche*

Das Adjektiv πολύς *(viel)*

Singular		Maskulinum	Femininum	Neutrum
	Nom.	**ο πολύς** *viel*	**η πολλή** *viel*	**το πολύ** *viel*
	Gen.	**(του πολύ)** *viel*	**της πολλής** *viel*	**(του πολύ)** *viel*
	Akk.	**τον πολύ** *viel*	**την πολλή** *viel*	**το πολύ** *viel*
	Vok.	-	-	-

Plural		Maskulinum	Femininum	Neutrum
	Nom.	**οι πολλοί** *viele*	**οι πολλές** *viele*	**τα πολλά** *viele*
	Gen.	**των πολλών** *vieler*	**των πολλών** *vieler*	**των πολλών** *vieler*
	Akk.	**τους πολλούς** *viele*	**τις πολλές** *viele*	**τα πολλά** *viele*
	Vok.	-	-	-

Beispiele:

ο πολύς κόσμος	*die vielen Leute*
έχει πολλή κίνηση	*es hat viel Verkehr*
ο Γιώργος έχει πολύ θάρρος	*Georg hat viel Mut*
έχω πολλούς φίλους	*ich habe viele Freunde*
αγόρασα πολλές καρέκλες	*ich habe viele Stühle gekauft*
αγόρασα πολλά μήλα	*ich habe viele Äpfel gekauft*

Gebrauch der Adjektive

Durch das Adjektiv werden Substantiv und Verb näher bestimmt. Das Adjektiv kann an verschiedenen Stellen im Satz vorkommen, wie in den folgenden Beispielen zu sehen ist:

Σήμερα αγόρασα ένα άσπρο φόρεμα.	*Heute habe ich ein weißes Kleid gekauft.*
Σήμερα αγόρασα το άσπρο το φόρεμα.	*Heute habe ich das weiße Kleid gekauft.*
Το φόρεμα που αγόρασα σήμερα είναι άσπρο.	*Das Kleid, das ich heute gekauft habe, ist weiß.*
Το άσπρο φόρεμα που αγόρασα είναι πολύ ωραίο.	*Das weiße Kleid, das ich gekauft habe ist sehr schön.*

Steigerung der Adjektive

Die Steigerung wird wie folgt gebildet:

Im Komparativ wird entweder das Wort **πιο** vor das Adjektiv gesetzt, oder das Adjektiv bekommt die Endung: **-τερος**, **η**, **ο**.
Im Superlativ wird **ο πιο** vor das Adjektiv gesetzt, oder das Adjektiv bekommt die Endung: **-τατος**, **η**, **ο**. Beispiele:

Positiv	Komparativ	Superlativ
ψηλός (hoch, groß)	**πιο ψηλός** (höher) ψηλότερος	**ο πιο ψηλός** (am höchsten) ψηλότατος
όμορφος (schön)	**πιο όμορφος** ομορφότερος	**ο πιο όμορφος** ομορφότατος
επιεικής (nachsichtig)	**πιο επιεικής** επιεικέστερος	**ο πιο επιεικής** επιεικέστατος
βαθύς (tief)	**πιο βαθύς** βαθύτερος	**ο πιο βαθύς** βαθύτατος

Unregelmäßige Steigerungsformen

Die folgenden Adjektive weichen von der oben beschriebenen Bildung der Steigerungsformen ab; sie werden unregelmäßig gebildet:

Positiv	Komparativ	Superlativ
απλός (einfach)	**απλούστερος**	**απλούστατος**
κακός (schlecht)	**χειρότερος**	**κάκιστος**
καλός (gut)	**καλύτερος**	**άριστος**
κοντός (klein)	**κοντότερος**	**κοντότατος**
λίγος (wenig)	**λιγότερος**	**ελάχιστος**
μεγάλος (groß, alt)	**μεγαλύτερος**	**μέγιστος**
μικρός (klein, jung)	**μικρότερος**	**ελάχιστος**
πολύς (viel)	**περισσότερος**	**πλείστος**
άνω Adverb (oben)	**ανώτερος**	**ανώτατος**
κάτω Adverb (unten)	**κατώτερος**	**κατώτατος**

6 Zahlen

Die Grundzahlen werden im Griechischen nicht dekliniert, mit Ausnahme der Zahlen: **ένας, μια/μία, ένα**; **τέσσερις, ις, α**; **διακόσιοι, ες, α** sowie einiger weiterer (siehe Tabelle unten). Diese deklinierbaren Zahlen haben drei Geschlechter und stimmen mit dem Substantiv, das sie begleiten, in Genus, Kasus und Numerus überein. Beispiele:

Είδα τέσσερις ελέφαντες.   Ich habe vier Elefanten gesehen.

Έχω τρεις γάτες.   Ich habe drei Katzen.

Ο βοσκός έχει διακόσια πρόβατα.   Der Hirte hat zweihundert Schafe.

	Grundzahlen	Ordnungszahlen
0	μηδέν	
1	ένας, μια/μία, ένα	πρώτος, η, ο
2	δυο/δύο	δεύτερος, η, ο
3	τρεις, εις, τρία	τρίτος, η, ο
4	τέσσερις, ις, τέσσερα	τέταρτος, η, ο
5	πέντε	πέμπτος, η, ο
6	έξι	έκτος, η, ο
7	εφτά/επτά	έβδομος, η, ο
8	οχτώ	όγδοος, η, ο
9	εννιά, εννέα	ένατος, η, ο
10	δέκα	δέκατος, η, ο
11	έντεκα	ενδέκατος, η, ο
12	δώδεκα	δωδέκατος, η, ο
13	δεκατρείς, είς, -τρία	δέκατος τρίτος, η, ο
14	δεκατέσσερις, ις, -α	δέκατος τέταρτος, η, ο
15	δεκαπέντε	δέκατος πέμπτος, η, ο
16	δεκαέξι	δέκατος έκτος, η, ο

17	δεκαεφτά	δέκατος έβδομος, η, ο
18	δεκαοχτώ	δέκατος όγδοος, η, ο
19	δεκαεννιά	δέκατος ένατος, η, ο
20	είκοσι	εικοστός, ή, ό
30	τριάντα	τριακοστός, ή, ό
40	σαράντα	τεσσαρακοστός, ή, ό
50	πενήντα	πεντηκοστός, ή, ό
60	εξήντα	εξηκοστός, ή, ό
70	εβδομήντα	εβδομηκοστός, ή, ό
80	ογδόντα	ογδοηκοστός, ή, ό
90	ενενήντα	ενενηκοστός, ή, ό
100	εκατό(ν)	εκατοστός, ή, ό
200	διακόσιοι, ες, α	διακοσιοστός, ή, ό
300	τριακόσιοι, ες, α	τριακοσιοστός, ή, ό
400	τετρακόσιοι, ες, α	τετρακοσιοστός, ή, ό
500	πεντακόσιοι, ες, α	πεντακοσιοστός, ή, ό
600	εξακόσιοι, ες, α	εξακοσιοστός, ή, ό
700	εφτακόσιοι, ες, α	εφτακοσιοστός, ή, ό
800	οχτακόσιοι, ες, α	οχτακοσιοστός, ή, ό
900	εννιακόσιοι, ες, α	εννιακοσιοστός, ή, ό
1000	χίλιοι, ες, α	χιλιοστός, ή, ό
2000	δυο χιλιάδες	δισχιλιοστός, ή, ό
10 000	δέκα χιλιάδες	μυριοστός, ή, ό / δεκάκις χιλιοστός, ή, ό
100 000	εκατό χιλιάδες	εκατοντάκις χιλιοστός, ή, ό
1 000 000	ένα εκατομμύριο	εκατομμυριοστός, ή, ό
1 000 000 000	ένα δισεκατομμύριο	δισεκατομμυριοστός, ή, ό

Beim Datum stehen die Grundzahlen im Femininum. Der erste Tag eines Monats wird mit der Ordnungszahl **πρώτη** ausgedrückt.

Πόσες του μήνα/μηνός έχουμε σήμερα;	*Den Wievielten haben wir heute?*
Σήμερα είναι δυο/τρεις/τέσσερις Ιανουαρίου.	*Heute ist der zweite/dritte/vierte Januar.*
Σήμερα έχουμε την πρώτη Αυγούστου.	*Heute haben wir den ersten August.*

Die Jahre stehen im Neutrum Singular.

Πότε γεννήθηκες;	*Wann bist du geboren?*
Γεννήθηκα στις τέσσερις Ιουλίου του χίλια εννιακόσια ογδόντα ένα.	*Ich bin am vierten Juli 1981 geboren.*

Die Uhrzeit steht im Femininum.

Τι ώρα είναι;	*Wie spät ist es?*
Είναι μια/δύο/τρεις/τέσσερις/πέντε η ώρα.	*Es ist eins/zwei/drei/vier/fünf Uhr.*
Τι ώρα θα συναντηθούμε;	*Wann treffen wir uns?*
Στις έξι και τέταρτο.	*Um Viertel nach sechs.*
Στις εφτά και μισή.	*Um sieben Uhr dreißig.*
Στις οχτώ παρά τέταρτο.	*Um Viertel vor acht.*
Στις μια ακριβώς.	*Um genau ein Uhr.*

Στις μιάμιση	*Um 1:30*	**Στις εφτάμιση**	*Um 7:30*
Στις δυόμιση	*Um 2:30*	**Στις οχτώμιση**	*Um 8:30*
Στις τρεισήμιση	*Um 3:30*	**Στις εννιάμιση**	*Um 9:30*
Στις τεσσεράμιση	*Um 4:30*	**Στις δέκα και μισή**	*Um 10:30*
Στις πεντέμιση	*Um 5:30*	**Στις εντεκάμιση**	*Um 11:30*
Στις εξήμιση	*Um 6:30*	**Στις δωδεκάμιση**	*Um 12:30*

8   Pronomen

Ein Pronomen kann ein Substantiv oder eine Wortgruppe ersetzen. Beispiele:

Ο Γιώργος μου μίλησε.	*Georg hat zu mir gesprochen.*
Αυτός μου μίλησε.	*Er hat mit mir gesprochen.*
Ο Γιώργος μου είπε ένα μυστικό.	*Georg hat mir ein Geheimnis erzählt.*
Αυτός μου το είπε.	*Er hat es mir erzählt.*

Personalpronomen

Nom.	Nom.	Gen.	Gen.	Gen.	Akk.	Akk.	Akk.
stark		stark	schwach		stark	schwach	
εγώ	ich	εμένα	μου	mir	εμένα	με	mich
εσύ	du	εσένα	σου	dir	εσένα	σε	dich
αυτός	er	αυτού	του	ihm	αυτόν	τον	ihn
αυτή	sie	αυτής	της	ihr	αυτήν	την	sie
αυτό	es	αυτού	του	ihm	αυτό	το	es
εμείς	wir	εμάς	μας	uns	εμάς	μας	uns
εσείς	ihr	εσάς	σας	euch	εσάς	σας	euch
αυτοί	sie	αυτών	τους	ihnen	αυτούς	τους	sie
αυτές	sie	αυτών	τους	ihnen	αυτές	τις (τες)	sie
αυτά	sie	αυτών	τους	ihnen	αυτά	τα	sie

Die starken Formen werden verwendet, wenn man die Person, über die man spricht, hervorheben will.

Ποιον θέλεις να δεις; Εσένα.	*Wen willst du sehen? **Dich**.*
Σε ΄σένα μιλάω.	*Ich spreche mit **dir**.*

Die schwachen Formen sind gebräuchlicher.

Θέλω να σε δω.   *Ich will dich sehen.*

Σου μιλάω.   *Ich spreche mit dir.*

Possessivpronomen

Das Possessivpronomen hat ebenfalls eine schwache und eine starke Form. Die schwache Form ist gebräuchlicher im Griechischen, sie entspricht der schwachen Form des Personalspronomens. Die schwache Form des Possessivpronomens steht immer **nach** dem Substantiv. Beispiele:

Schwaches Possessivpronomen		Beispiele	
μου	*mein*	**το βιβλίο μου**	*mein Buch*
σου	*dein*	**η τσάντα σου**	*deine Tasche*
του	*sein*	**το κινητό του**	*sein Handy*
της	*ihr*	**το αυτοκίνητό της**	*ihr Auto*
του	*sein*	**η μπάλα του**	*sein Ball*
μας	*unser*	**το βιβλίο μας**	*unser Buch*
σας	*eurer/Ihr*	**η τσάντα σας**	*eure/Ihre Tasche*
τους	*ihr*	**το κινητό τους**	*ihr Handy*
τους	*ihr*	**το αυτοκίνητό τους**	*ihr Auto*
τους	*ihr*	**η μπάλα τους**	*ihr Ball*

Um den Besitz besonders zu betonen, benutzt man die starke Form. Die starke Form setzt sich aus der schwachen Form und dem deklinierbaren Adjektiv **δικός**, **ή**, **ό** *(eigen)* zusammen. Diese Form steht meistens **vor** dem Substantiv.

Αυτό είναι το δικό μου βιβλίο.   *Dies ist **mein** Buch.*

Αυτό είναι το δικό της αυτοκίνητο.   *Dies ist **ihr** Auto.*

Δικά σας είναι αυτά τα κλειδιά;   *Gehören diese Schlüssel **Ihnen**?*

Η Ρένα και ο Γρηγόρης έχουν δικό τους σπίτι.   *Rena und Gregor besitzen ihr **eigenes** Haus.*

Demonstrativpronomen

αυτός, ή, ο	dieser, -e, -es	αυτός ο γιατρός	dieser Arzt
εκείνος, η, ο	jener, -e, -es	εκείνο το βιβλίο	jenes Buch
τέτοιος, α, ο	solcher, -e, -es	τέτοια τύχη	solches Glück
τόσος, η, ο	so, soviel, so groß	τόσο κρύο	so kalt

Die Demonstrativpronomen werden wie Adjektive dekliniert.

Interrogativpronomen

1. ποιος; ποια; ποιο; Genitiv: a) ποιου / ποιας b) ποιανού / ποιανής c) τίνος	wer? welcher? welche? welches? wessen?
2. πόσος; πόση; πόσο;	wie viel?
3. τι; (undeklinierbar)	was? wie? was für ein?

Ποιος ήρθε;	Wer ist gekommen?
Ποιοι ήρθαν;	Wer ist gekommen?
Ποιανού είναι αυτό το βιβλίο;	Wem gehört dieses Buch?
Ποιανής είναι αυτή η τσάντα;	Wem gehört diese Tasche?
Πόση ζάχαρη να βάλω;	Wie viel Zucker soll ich hinein tun?
Τι κάνεις;	Wie geht es dir?
Τι είναι αυτό;	Was ist das?
Τι ώρα φεύγει το τρένο;	Um wie viel Uhr fährt der Zug?
Τι δουλειά κάνεις;	Was arbeitest du?

Die Interrogativpronomen werden wie Adjektive dekliniert. Ausnahme ist das undeklinierbare **τι**.

Relativpronomen

1. που *(undeklinierbar)*   *der, die, das*

2. ό,τι *(undeklinierbar)*   *was; alles was*

3. ο οποίος, η οποία, το οποίο   *der, die, das; welche(r, s)*

4. όποιος, όποια, όποιο   *wer*

5. όσος, όση, όσο   *wie viel, so viel*

Αυτός που σε χαιρέτησε είναι ο άνδρας μου.	*Der, der dich gegrüßt hat, ist mein Mann.*
Θα κάνω ό,τι μου ζητήσεις.	*Ich werde alles tun, was du von mir verlangst.*
Η αθλήτρια, η οποία πήρε χρυσό μετάλλιο, είναι φίλη μου.	*Die Athletin, die die goldene Medaille bekommen hat, ist meine Freundin.*
Όποιος θέλει ας έρθει.	*Wer will, kann kommen.*
Πάρε όση τούρτα θέλεις.	*Nimm so viel Torte, wie du willst.*

Wichtig:

Man unterscheidet zwischen **ό,τι** (Relativpronomen) mit Komma und **ότι** (Konjunktion) ohne Komma. Außerdem unterscheidet man zwischen unbetontem **που** (Reflexivpronomen) und betontem **πού** (Adverb). Beispiele:

Θα κάνω ό,τι μου ζητήσεις. (Relativpronomen)	*Ich werde alles tun, was du von mir verlangst.*
Ο Κώστας μου είπε ότι θα έρθει. (Konjunktion)	*Kostas hat mir gesagt, dass er kommen wird.*
Αυτός που σε χαιρέτησε είναι ο άνδρας μου.	*Der, der dich gegrüßt hat, ist mein Mann.*
Πού ήσουν χθες το βράδυ;	*Wo warst du gestern Abend?*

Die Relativpronomen werden wie Adjektive dekliniert. Ausnahmen sind die undeklinierbaren **ό,τι** und **που**.

Indefinitpronomen

1. **κάποιος, α, ο**	*jemand;* *irgendeiner, irgendeine, irgendein*
2. **κανένας (κανείς), καμία, κανένα**	*jemand;* *irgendein, irgendeine, irgendein;* *niemand*
3. **μερικοί, ές, ά**	*einige; manche*
4. **(κάθε) καθένας, καθεμιά, καθένα**	*jeder, jede, jedes*
5. **άλλος, άλλη, άλλο**	*andere (r, s); noch; mehr*
6. **τίποτα (τίποτε)** *(undekl.)*	*etwas; nichts*
7. **κάτι** *(undeklinierbar)*	*etwas*

Die Indefinitpronomen werden wie Adjektive dekliniert. Ausnahmen bilden die undeklinierbaren **τίποτα**, **κάτι** und die Pronomen **κανένας**, **καμία**, **κανένα** und **καθένας**, **καθεμιά**, **καθένα**. Diese werden wie der unbestimmte Artikel dekliniert.

Κάποιος ήρθε.	*Jemand ist gekommen.*
Δώσ' μου **κάποια** συμβουλή.	*Gib mir irgendeinen Rat.*
Τηλεφώνησε **κανείς**;	*Hat jemand angerufen?*
Έχεις **κανένα** νέο;	*Hast du irgendeine Neuigkeit?*
Δεν ήρθε **κανείς**.	*Niemand ist gekommen.*
Θα λείψω για **μερικές** μέρες.	*Ich werde für einige Tage abwesend sein.*
Κάθε μέρα βρέχει.	*Jeden Tag regnet es.*
Θα έρθω μια **άλλη** φορά.	*Ich komme ein anderes Mal.*
Είπες **τίποτα**;	*Hast du etwas gesagt?*
Όχι, **τίποτα** δεν είπα.	*Nein, ich habe nichts gesagt.*
Ξέχασες **κάτι**;	*Hast du etwas vergessen?*

Reflexivpronomen

Das Reflexivpronomen **ο εαυτός μου** *(ich selbst; mein eigenes Ich)* ist männlichen Geschlechts und kann wie ein Adjektiv dekliniert werden. Es besteht aus dem Artikel, dem Wort **εαυτός** und dem schwachen Possessivpronomen: **μου**, **σου**, **του**, **της**, **του**, **μας**, **σας**, **τους**.

Φροντίζει τον εαυτό της.	*Sie pflegt sich (selbst).*
Αυτοί σκέφτονται μόνο τον εαυτό τους.	*Sie denken nur an sich (selbst).*
Μου μίλησε για τον εαυτό του.	*Er hat mir von sich (selbst) erzählt.*
Ο εαυτός σου **φταίει και κανένας άλλος.**	*Du selbst bist Schuld und niemand sonst.*
Πρέπει πρώτα να μάθεις να σέβεσαι τον εαυτό σου **και μετά τους άλλους.**	*Man muss zuerst lernen, sich selbst zu respektieren, und dann die anderen.*

9 Verben

Verben, auch Tätigkeitswörter genannt, drücken eine Tätigkeit oder einen Zustand aus. Beispiele:

Η Μαρία γράφει ένα γράμμα.   *Maria schreibt einen Brief.*

Ο Φίλιππος κοιμάται.   *Philipp schläft.*

Subjekt, Objekt

Um das Subjekt eines Satzes zu identifizieren, stellt man im obigen Beispiel folgende Fragen:
- Wer schreibt einen Brief? Wer schläft?
  Die Antwort ist: Maria, Philipp. Somit sind **Μαρία** und **Φίλιππος** Subjekte und sie befinden sich damit im Nominativ.
- Was schreibt Maria?
  Die Antwort ist: einen Brief. Also ist **γράμμα** das Akkusativobjekt des Satzes.

Aktiv und Passiv

Man unterscheidet zwischen

Verben auf **-ω**: Aktiv
Verben auf **-μαι**: Passiv

Diese Endungen sagen aus, wie ein Verb konjugiert wird. Endet ein Verb in der ersten Person Singular im Präsens auf **-ω**, wie zum Beispiel **γράφω** *(ich schreibe)*, so wird es im Aktiv konjugiert. Endet es in der ersten Person Singular im Präsens auf **-μαι**, wie zum Beispiel **κοιμάμαι** *(ich schlafe)*, so wird es im Passiv konjugiert. ▶ Seite 77, Passiv: Zweite Konjugation

Vom Aktiv spricht man, wenn das Verb zeigt, wie das Subjekt handelt.

Aktiv

Η δασκάλα διορθώνει τα λάθη.   *Die Lehrerin korrigiert die*
Subjekt: **η δασκάλα** *(die Lehrerin)*   *Fehler.*
Verb: **διορθώνω**

Vom Passiv spricht man, wenn das Verb zeigt, was mit dem Subjekt geschieht.

Passiv

Τα λάθη διορθώνονται από τη δασκάλα.   *Die Fehler werden von der*
Subjekt: **τα λάθη** *(die Fehler)*   *Lehrerin korrigiert.*
Verb: **διορθώνομαι**

Nicht immer haben die passivisch konjugierten Verben auch eine passivische Bedeutung.
Verben, die nach einer Passivkonjugation konjugiert werden, können zwei weitere Bedeutungen haben:

1. Reflexiv, das heißt, dass die ausgeübte Handlung zurück an das Subjekt gerichtet wird. Beispiele:

   πλένομαι *(sich waschen)*, **χτενίζομαι** *(sich kämmen)*,
   ξυρίζομαι *(sich rasieren)*, **ντύνομαι** *(sich anziehen)*,
   ετοιμάζομαι *(sich vorbereiten/sich fertig machen)*.

2. Auch ist es möglich, dass Verben auf **-μαι** aktivische Bedeutung haben. Sie verhalten sich wie aktive Verben, haben aber die Form des Passivs. Beispiele:

   κάθομαι *(sitzen)*, **στέκομαι** *(stehen)*, **εύχομαι** *(wünschen)*,
   δέχομαι *(akzeptieren)* u. a.

Stamm und Endung von Verben

Verben können ihre Form verändern, das heißt, sie können konjugiert werden. Sie haben drei Personen im Singular und drei im Plural.
Der unveränderbare Teil eines Verbs ist der sogenannte Stamm; der sich jeweils ändernde Teil des Verbs ist die Endung. Stamm und Endung sind im folgenden Beispiel farblich voneinander abgesetzt.

Singular	1. Person	**εγώ**	**γράφω**	*ich*	*schreibe*
	2. Person	**εσύ**	**γράφεις**	*du*	*schreibst*
	3. Person	**αυτός**	**γράφει**	*er*	*schreibt*
		αυτή		*sie*	
		αυτό		*es*	
Plural	1. Person	**εμείς**	**γράφουμε**	*wir*	*schreiben*
	2. Person	**εσείς**	**γράφετε**	*ihr*	*schreibt*
				Sie	*schreiben*
	3. Person	**αυτοί**	**γράφουν(ε)**	*sie*	*schreiben*
		αυτές			
		αυτά			

Die Verwendung des Personalpronomens **εγώ**, **εσύ**, **αυτός**... ist oft nicht notwendig und im Griechischen meist auch nicht üblich, da die Endung des Verbs schon auf die Person, über die gesprochen wird hinweist. Zur stärkeren Betonung kann jedoch die Person zusätzlich genannt werden.
Beispiel: **Εγώ γράφω, όχι αυτός.** *(Ich schreibe, nicht er.)*

Bildung der Zeitformen

Verben treten in verschiedenen Zeitformen auf. Für die Bildung der Zeitformen sind Kenntnis von Präsens- und Aorist-Stamm und die Endungen der jeweiligen Zeitformen notwendig. Die Konjugationstabellen im Kapitel **Konjugationsarten** sind beispielhaft für die Bildung der Zeitformen und deren Konjugation.

Nachfolgend sind zunächst die Zeitformen des Verbs **γράφω** im Aktiv dargestellt.

Präsens Stamm	γράφω	ich schreibe	**Präsens:** *Dauer, Wiederholung*
	έγραφα	ich schrieb, ich habe geschrieben	**Imperfekt:** *Dauer, Wiederholung*
	θα γράφω	ich werde schreiben	**Futur:** *Dauer, Wiederholung*
Aorist Stamm	θα γράψω	ich werde schreiben	**Futur:** punktuell, einmalig
	έγραψα	ich habe geschrieben, ich schrieb	**Aorist:** punktuell, einmalig
	έχω γράψει	ich habe geschrieben	**Perfekt:** Bezug zur Gegenwart
	είχα γράψει	ich hatte geschrieben	**Plusquamperfekt**
	θα έχω γράψει	ich werde geschrieben haben	**Futur II**

Präsens- und Aorist-Stamm

Wie aus obiger Tabelle hervorgeht, hat jedes Verb zwei Stämme: den Präsens-Stamm **γραφ** und den Aorist-Stamm **γραψ**.
Aus dem **Präsens-Stamm (Stamm I)** werden jene Zeitformen gebildet, die Dauer bzw. Wiederholung ausdrücken: Präsens, Imperfekt und andauerndes Futur.

Aus dem **Aorist-Stamm (Stamm II)** werden die punktuellen Zeitformen gebildet, wie das punktuelle Futur und der Aorist (einmalige bzw. punktuelle Vergangenheit). Außerdem werden vom Aorist-Stamm ausgehend das Perfekt, das Plusquamperfekt und das Futur II gebildet. ▶ Seite 62, Gebrauch der Zeiten
Im Kapitel **Konjugationsarten** findet man Konjugationstabellen. Dort ist jeweils die Endung im Vergleich zum Stamm hervorgehoben.

Regelmäßige Aoristbildung

Die regelmäßige Aoristbildung ist vom Stammauslaut des Verbs im Präsens abhängig. Hier einige Beispiele:

Stammauslaut	Präsens	umgewandelter Stammauslaut	Aktiv Aorist
τ, δ, θ / ζ	πείθω *(überzeugen)*	σ	έπεισα
κ, γ, χ, χν	ρίχνω *(werfen)*	ξ	έριξα
π, β, φ, πτ	γράφω *(schreiben)*	ψ	έγραψα
ν	ντύνω *(sich anziehen)*	σ / ν	έντυσα
α	φιλάω *(küssen)*	ησ / ασ / εσ	φίλησα

Stammauslaut	Präsens	umgewandelter Stammauslaut	Passiv Aorist
τ, δ, θ / ζ	πείθω, -ομαι	στ	πείστηκα
κ, γ, χ, χν / ζ	ρίχνω, -ομαι	χτ	ρίχτηκα
π, β, φ, πτ	γράφω, -ομαι	φτ	γράφτηκα
ν	ντύνω, -ομαι	θ / νθ / στ	ντύθηκα
α	φιλάω, -ιεμαι	ηθ / αστ / εστ	φιλήθηκα

Das Augment

Zweisilbige Verbformen wie zum Beispiel **γρά-φω** *(schreiben)* und **παί-ζω** *(spielen)*, bekommen im **Imperfekt** und **Aorist** ein **ε** vorangestellt. Beispiele: **έγραφα, έπαιζα, έγραψα, έπαιξα**.
Diese Hinzufügung wird Augment genannt. Das Augment wird im Singular und in der 3. Person Plural hinzugefügt und bekommt immer einen Akzent. Hier ein Beispiel im Aorist:

έγραψα	*ich habe geschrieben*
έγραψες	*du hast geschrieben*
έγραψε	*er, sie, es hat geschrieben*
γράψαμε	*wir haben geschrieben*
γράψατε	*ihr/Sie haben geschrieben*
έγραψαν	*sie haben geschrieben*

Ausnahmen sind folgende Verben, die zwar den Imperfekt mit dem Augment bilden, den Aorist jedoch ohne:

Präsens	Imperfekt	Aorist
βγαίνω *(hinausgehen)*	**έβγαινα**	**βγήκα**
μπαίνω *(hineingehen)*	**έμπαινα**	**μπήκα**
βρίσκω *(finden)*	**έβρισκα**	**βρήκα**
παίρνω *(nehmen)*	**έπαιρνα**	**πήρα**

Manche Verben bekommen ein **η** oder **ει** statt dem **ε** vorangestellt:

θέλω *(wollen)*	**ήθελα**
ξέρω *(wissen)*	**ήξερα**
έχω *(haben)*	**είχα**

Das Augment wird auch bei zusammengesetzten Wörtern gesetzt:

υπάρχω *(existieren)*	**υπήρξα**
παραγγέλλνω *(bestellen)*	**παρήγγειλα/παράγγειλα**
συμβαίνει *(geschehen, passieren)*	**συνέβη**
επιβάλλω *(auferlegen, durchsetzen)*	**επέβαλα**

Gebrauch der Zeiten

Das Präsens beschreibt primär ein Geschehen in der Gegenwart und drückt auch Dauer und Wiederholung aus.

Γράφω ένα γράμμα.	*Ich schreibe einen Brief.*
Αυτό τον καιρό γράφω πολλά γράμματα.	*Zurzeit schreibe ich viele Briefe.*
Μιλάω στο τηλέφωνο.	*Ich telefoniere gerade.*
Κάθε πρωί πάω βόλτα.	*Jeden Morgen gehe ich spazieren.*

Das Imperfekt (Präteritum) beschreibt ein vergangenes, abgeschlossenes Geschehen und drückt Dauer und Wiederholung aus.

Χθες μιλούσα τρεις ώρες στο τηλέφωνο.	*Gestern habe ich drei Stunden lang telefoniert.*
Το καλοκαίρι πήγαινα κάθε πρωί βόλτα.	*Im Sommer bin ich jeden Tag spazieren gegangen.*

Das andauernde Futur ist eine der zwei Zukunftsformen. Es beschreibt ein Geschehen, das in der Zukunft auf Dauer und wiederholt stattfinden wird.

Θα σου γράφω κάθε εβδομάδα.	*Ich werde dir jede Woche schreiben.*
Θα μιλάμε κάθε μέρα στο τηλέφωνο.	*Wir werden jeden Tag telefonieren.*

Das punktuelle Futur drückt keine Dauer und keine Wiederholung aus, sondern beschreibt ein Geschehen, das in der Zukunft zu einem bestimmten Zeitpunkt (punktuell) stattfinden wird. Das punktuelle Futur ist die häufiger auftretende Zukunftsform. Auch wenn zwischen einer Aussage und einem Geschehen wenig Zeit vergeht, wird meistens diese Zukunftsform benutzt und nicht wie im Deutschen das Präsens.

Αύριο θα σου γράψω ένα γράμμα.	*Morgen werde ich dir einen Brief schreiben.*
Σήμερα το βράδυ θα πάω στο σινεμά.	*Ich gehe heute Abend ins Kino.*
Πότε θα σε δω;	*Wann werde ich dich sehen?*
Αύριο θα μιλήσουμε στο τηλέφωνο και θα σου πω τα νέα μου.	*Morgen werden wir telefonieren und ich werde dir meine Neuigkeiten erzählen.*

Der Aorist ist die gebräuchlichste Vergangenheitsform. Er beschreibt ein Geschehen, das zu einem bestimmten Zeitpunkt in der Vergangenheit stattfand.

Χθες έγραψα ένα γράμμα.	*Gestern habe ich einen Brief geschrieben.*
Χθες πήγα στο σινεμά.	*Gestern bin ich ins Kino gegangen.*
Τον είδα μόνο λίγο.	*Ich habe ihn nur kurz gesehen.*
Χθες μιλήσαμε στο τηλέφωνο.	*Gestern haben wir telefoniert.*

Das Perfekt beschreibt ein Geschehen, das noch einen Bezug zur Gegenwart hat. Die in der Vergangenheit erfolgte Handlung hat Konsequenzen für die Gegenwart. Es wird mit dem Hilfsverb **έχω** *(ich habe)* gebildet.

Έχεις γράψει ποτέ γράμμα στο δήμαρχο;	*Hast du jemals einen Brief an dem Bürgermeister geschrieben?*
Έχεις πάει ποτέ στην Αυστραλία;	*Bist du schon mal in Australien gewesen?*
Ναι, έχω πάει στην Αυστραλία τρεις φορές.	*Ja, ich bin drei Mal in Australien gewesen.*
Έχεις φάει ποτέ κροκόδειλο;	*Hast du mal Krokodil gegessen?*

Das Plusquamperfekt beschreibt einen Vorgang in der Vergangenheit, der vor einem anderen Vorgang abgelaufen ist. Es wird mit dem Hilfsverb **είχα** *(ich hatte)* gebildet.

Είχα ήδη φύγει για Λονδίνο, όταν μου τηλεφώνησες.	*Ich bin schon unterwegs nach London gewesen, als du mich angerufen hast.*
Όταν έφτασες στο σταθμό, εγώ είχα ήδη φύγει.	*Als du am Bahnhof ankamst, war ich schon gegangen.*

Das Futur II beschreibt ein in der Zukunft abgeschlossenes Geschehen. Es wird mit **θα έχω** *(ich werde haben)* gebildet.

Σε δύο ώρες θα έχω γράψει το γράμμα.	*In zwei Stunden werde ich den Brief geschrieben haben.*
Μέχρι την επόμενη εβδομάδα θα έχω πληρώσει το λογαριασμό.	*Bis nächste Woche werde ich die Rechnung bezahlt haben.*

Θα + Imperfekt

Mit **θα** + Imperfekt kann ein höflicher Wunsch ausgedrückt werden.

Θα ήθελα ένα ποτήρι νερό.	*Ich hätte gern ein Glas Wasser.*
Θα μπορούσες να με πας σπίτι;	*Könntest du mich nach Hause bringen?*

Man kann jemandem einen Rat geben.

Εγώ στη θέση σου, θα πήγαινα να τον δω.	*An deiner Stelle würde ich ihn besu-chen gehen.*

Bedingungen oder Umstände können auch wie folgt ausgedrückt werden.

Αν είχα λεφτά, θα πήγαινα στην Αυστραλία.	*Wenn ich Geld hätte, würde ich nach Australien gehen.*
Αν ερχόσουν χθες, θα πηγαίνα-με στον κινηματογράφο.	*Wenn du gestern gekommen wärst, wären wir ins Kino gegangen.*

(Du bist gestern nicht gekommen und so sind wir nicht ins Kino gegangen.) Das Wort **χθες** *(gestern)* schließt jede Möglichkeit aus, dass etwas noch geschehen kann.

Αν ερχόσουν σήμερα, θα πη-γαίναμε στον κινηματογράφο.	*Wenn du heute kommen würdest, wür-den wir ins Kino gehen.*

(Wir könnten ins Kino gehen, wenn du heute kommen würdest, das heißt die Möglichkeit ins Kino zu gehen besteht noch.)

Θα + Plusquamperfekt

Hiermit wird etwas nicht mehr Realisierbares ausgedrückt.

Αν είχες έρθει, θα είχαμε πάει στον κινηματογράφο.	*Wenn du gekommen wärst, wären wir ins Kino gegangen.*

Modi

Je nachdem wie das Verb verwendet wird, können sehr unterschiedliche Aussagen gemacht werden. Der **Modus** eines Verbs ermöglicht dies.

a) **Ο Νίκος έγραψε ένα γράμμα.**	*Nikos hat einen Brief geschrieben.*
b) **Ο Νίκος θέλει να γράψει ένα γράμμα.**	*Nikos möchte einen Brief schreiben.*
c) **Νίκο, γράψε ένα γράμμα στον παππού!**	*Niko, schreib einen Brief an den Opa!*

a) Wenn man sagt, dass Nikos einen Brief geschrieben hat, verweist man auf etwas Reales.

b) Wenn man aber sagt, dass Nikos einen Brief schreiben möchte, dann erklärt man eine Absicht.

c) Letztlich, wenn man Nikos auffordert einen Brief zu schreiben, ist dies eine Aufforderung.

Es gibt im Griechischen drei Modi:

Indikativ	**Ο Νίκος έγραψε ένα γράμμα.**
Υποτακτική (es gibt keinen entsprechenden Begriff auf Deutsch)	**Ο Νίκος θέλει να γράψει ένα γράμμα.**
Imperativ	**Νίκο, γράψε ένα γράμμα στον παππού!**

Indikativ

Dieser Modus drückt etwas Reales aus. Mit dem Indikativ beschreibt man, was gerade geschieht, was noch geschehen wird und was geschehen ist.

Ο Νίκος γράφει ένα γράμμα.	*Nikos schreibt einen Brief.*
Ο Νίκος θα γράψει ένα γράμμα.	*Nikos wird einen Brief schreiben.*
Ο Νίκος έγραψε ένα γράμμα.	*Nikos hat einen Brief geschrieben.*

Υποτακτική

Υποτακτική ist ein Modus, der Absicht, Wunsch, Möglichkeit, Notwendigkeit, Aufforderung u. a. ausdrücken kann.

Υποτακτική trifft man zusammen mit **να**, **ας**, **για να** *(um zu)*, **όταν** *(als, wenn)*, **αν** *(wenn, ob)* und **μη(ν)** *(nicht)*.

Υποτακτική trifft man in Präsens, Aorist und Perfekt. Am gebräuchlichsten ist die Anwendung im Aorist. Hier nun einige Beispiele mit **Υποτακτική**.

Θέλω να γράψω ένα γράμμα.	*Ich möchte einen Brief schreiben.*	**Absicht**
Πού θέλεις να πας διακοπές το καλοκαίρι;	*Wohin möchtest du im Sommer in Urlaub gehen.*	**Wunsch**
Θέλω να πάω στην Ελλάδα.	*Ich möchte nach Griechenland gehen.*	**Wunsch**
Μπορεί να βρέξει σήμερα.	*Es kann heute regnen.*	**Möglichkeit**
Πρέπει να πάω στη δουλειά.	*Ich muss zur Arbeit gehen.*	**Notwendigkeit**
Πρέπει να πας στη δουλειά.	*Du musst zur Arbeit gehen.*	**Aufforderung**
Τι να κάνω;	*Was soll ich tun?*	**sollen**
Μαμά, να φάω ένα ακόμα παγωτό;	*Mama, darf ich noch ein Eis essen?*	**dürfen**
Μπορείς να μου φέρεις ένα ποτήρι νερό;	*Könntest du mir ein Glas Wasser bringen?*	**Bitte**
Ας κάτσουμε λίγο ακόμα!	*Lass uns noch ein Weilchen bleiben!*	**höfliche Aufforderung**
Ας μην τον ενοχλήσουμε τώρα.	*Stören wir ihn jetzt besser nicht.*	**höfliche Aufforderung**
Πήγαμε στην Αυστρία για να κάνουμε σκι.	*Wir sind nach Österreich zum Skifahren gegangen.*	**Absicht**
Όταν φτάσεις ειδοποίησέ με!	*Melde dich, wenn du angekommen bist.*	**Temporalsatz**
Αν έρθεις φέρε μου μια σοκολάτα.	*Wenn du kommst, bringe mir Schokolade mit!*	**Konditionalsatz**
Μην τρέχεις!	*Fahr nicht so schnell!*	**verneinter Imperativ**

Imperativ

Mit dem Imperativ drückt man Befehle aus, man spricht eine Bitte, Aufforderung oder Wunsch aus.
Den Imperativ trifft man im Präsens und Aorist. Am gebräuchlichsten ist die Anwendung im Aorist.

Der Imperativ wird sowohl im Aktiv als auch im Passiv in der 2. Person Singular und 2. Person Plural gebildet:

Aktiv: -ε, -τε		
2. Person Sing.	**2. Person Pl.**	
γράψε	**γράψτε**	*schreib, schreibt/schreiben Sie*
δώσε	**δώστε**	*gib, gebt/geben Sie*
πάρε	**πάρτε**	*nimm, nehmt/nehmen Sie*
μίλησε	**μιλήστε**	*sprich, sprecht/sprechen Sie*

Passiv: -ου, -ειτε		
2. Person Sing.	**2. Person Pl.**	
ντύσου	**ντυθείτε**	*zieh dich an, zieht euch an/ziehen Sie sich an*
βάψου	**βαφτείτε**	*schmink dich, schminkt euch/ schminken Sie sich*
ετοιμάσου	**ετοιμαστείτε**	*bereite dich vor, bereitet euch vor/ bereiten Sie sich vor*
κοιμήσου	**κοιμηθείτε**	*schlaf, schlaft/schlafen Sie*

Der Imperativ kann auch durch **Υποτακτική** (▶ Seite 66, Υποτακτική) zum Ausdruck gebracht werden.

Bejahung

Imperativ	Υποτακτική	
γράψε	**να γράψεις**	schreib
γράψτε	**να γράψετε**	schreibt/schreiben Sie

Verneinung

Die Verneinung wird mit **Υποτακτική** und **μη(ν)** ausgedrückt.

μη γράψεις	**να μη γράψεις**	schreib nicht
μη γράψετε	**να μη γράψετε**	schreibt/schreiben Sie nicht

Wie **im Kapitel Präsens- und Aorist-Stamm** erläutert, drückt der Präsens-Stamm Dauer aus, während der Aorist-Stamm etwas Punktuelles beschreibt.

Μην τρως συνέχεια γλυκά!	*Iss nicht andauernd Süßigkeiten!*
Μη φας αυτήν την τούρτα!	*Iss diese Torte nicht!*
Μαμά, να βγαίνω κάθε μέρα έξω με τις φίλες μου;	*Mama, kann ich jeden Tag mit meinen Freundinnen weggehen?*
Μαμά, να βγω σήμερα το βράδυ έξω;	*Mama, kann ich heute Abend weggehen?*

Der Imperativ weist die Besonderheit auf, dass diese Regel nicht immer befolgt wird. Unabhängig davon, ob man den Präsens-Stamm oder den Aorist-Stamm nimmt, es ergeben sich oft keine Unterschiede in der Bedeutung.

Μίλα μαζί του και θα βρεθεί λύση.	*Sprich mit ihm und es wird sich eine Lösung finden.*
Μίλησε μαζί του και θα βρεθεί λύση.	*Sprich mit ihm und es wird sich eine Lösung finden.*

Partizip

Das **Partizip Präsens Aktiv** wird mit dem Präsens-Stamm und den Endungen **-ώντας** bzw. **-οντας** gebildet. Ist die Endung des Partizips betont, so wird sie mit **ώ** geschrieben, ist sie unbetont, schreibt man sie mit **ο**. Beispiele: **παίζοντας** *(spielend)*, **τραγουδώντας** *(singend)*, **κλαίγοντας** *(weinend)*, **χαιρετώντας** *(grüßend)*.

Η Μαρία έκανε βόλτα τραγου-δώντας.	*Maria ist singend spazieren gegangen.*
Ο Γιώργος πήγε κλαίγοντας στο σχολείο.	*Georg ist weinend zur Schule gegangen.*

Das **Partizip Perfekt Passiv** wird mit dem Aorist-Stamm Passiv und den Endungen **-μένος**, **η**, **ο** gebildet. Es hat drei Geschlechter und wird wie ein Adjektiv dekliniert. Es kann auch wie ein Adjektiv verwendet werden. Beispiele: **φρεσκοπλυμένος**, **η**, **ο** *(frisch gewaschen)*, **απελπισμένος**, **η**, **ο** *(verzweifelt)*, **λυπημένος**, **η**, **ο** *(traurig)* **αγαπημένος**, **η**, **ο** *(geliebt)*.

Τα φρεσκοπλυμένα ρούχα μυρίζουν ωραία.	*Die frisch gewaschenen Kleider riechen gut.*
Φαινόσουν πολύ λυπημένη.	*Du hast sehr traurig ausgesehen.*

Wenn der Stamm eines Verbs mit **π**, **β**, **φ**, **πτ** endet, wird das Partizip Perfekt Passiv mit **-μμ-** geschrieben. Beispiele: **γράφ-ομαι**: **γραμμένος**, **η**, **ο** *(eingeschrieben)*, **βάφ-ομαι**: **βαμμένος**, **η**, **ο** *(gefärbt, geschminkt)*.

Konjugationsarten

In der griechischen Sprache werden Verben gemäß ihrer Erscheinungsform unterschiedlich konjugiert. Es gibt folgende Konjugationsarten:

1. Erste Konjugation: Verben, die mit der Endung im Aktiv **-ω** enden und im Passiv **-ομαι**, sind Verben der ersten Konjugation.

2. Zweite Konjugation: Verben, die auf **-ώ** (hier mit Betonung) im Aktiv enden und mit **-ιέμαι**, **-άμαι**, **-ούμαι**, **-ώμαι** im Passiv enden, sind Verben der zweiten Konjugation.

3. Darüber hinaus gibt es unregelmäßige Verben, deren Konjugation abweichend gebildet wird.

4. Die zwei Hilfsverben **είμαι** und **έχω** *(sein, haben)* werden gemäß nachstehender Tabelle konjugiert.

Hilfsverben είμαι und έχω

Präsens	Futur	Imperfekt
είμαι *ich bin*	**θα είμαι** *ich werde sein*	**ήμουν** *ich war*
είσαι *du bist*	**θα είσαι** *du ...*	**ήσουν** *du ...*
είναι *er/sie/es ist*	**θα είναι**	**ήταν**
είμαστε *wir sind*	**θα είμαστε**	**ήμασταν**
είστε *ihr seid/Sie sind*	**θα είστε**	**ήσασταν**
είναι *sie sind*	**θα είναι**	**ήταν**

Präsens	Futur	Imperfekt
έχω *ich habe*	**θα έχω** *ich werde haben*	**είχα** *ich hatte*
έχεις *du hast*	**θα έχεις** *du ...*	**είχες** *du ...*
έχει *er/sie/er hat*	**θα έχει**	**είχε**
έχουμε *wir haben*	**θα έχουμε**	**είχαμε**
έχετε *ihr habt/Sie haben*	**θα έχετε**	**είχατε**
έχουν *sie haben*	**θα έχουν**	**είχαν**

Aktiv: Erste Konjugation

Präsens Stamm	**παίζω**	*ich spiele*	***Präsens:*** *Dauer, Wiederholung*
	έπαιζα	*ich spielte, ich habe gespielt*	***Imperfekt:*** *Dauer, Wiederholung*
	θα παίζω	*ich werde spielen*	***Futur:*** *Dauer, Wiederholung*
Aorist Stamm	**θα παίξω**	*ich werde spielen*	***Futur:*** *punktuell, einmalig*
	έπαιξα	*ich habe gespielt, ich spielte*	***Aorist:*** *punktuell, einmalig*
	έχω παίξει	*ich habe gespielt*	***Perfekt:*** *Bezug zur Gegenwart*
	είχα παίξει	*ich hatte gespielt*	***Plusquamperfekt***
	θα έχω παίξει	*ich werde gespielt haben*	***Futur II***

	Präsens	**Imperfekt**	**andauerndes Futur**
Stamm I	παίζω	έπαιζα	θα παίζω
	παίζεις	έπαιζες	θα παίζεις
	παίζει	έπαιζε	θα παίζει
	παίζουμε	παίζαμε	θα παίζουμε
	παίζετε	παίζατε	θα παίζετε
	παίζουν	έπαιζαν	θα παίζουν

	punktuelles Futur	**Aorist**
Stamm II	θα παίξω	έπαιξα
	θα παίξεις	έπαιξες
	θα παίξει	έπαιξε
	θα παίξουμε	παίξαμε
	θα παίξετε	παίξατε
	θα παίξουν	έπαιξαν

	Perfekt		Plusquamperfekt		Futur II	
Stamm II	έχω	παίξει	είχα	παίξει	θα έχω	παίξει
	έχεις	παίξει	είχες	παίξει	θα έχεις	παίξει
	έχει	παίξει	είχε	παίξει	θα έχει	παίξει
	έχουμε	παίξει	είχαμε	παίξει	θα έχουμε	παίξει
	έχετε	παίξει	είχατε	παίξει	θα έχετε	παίξει
	έχουν	παίξει	είχαν	παίξει	θα έχουν	παίξει

Imperativ Präsens	παίζε	παίζετε
Imperativ Aorist	παίξε	παίξτε

Υποτακτική Präsens	να/ας/αν/όταν... παίζω, παίζεις...
Υποτακτική Aorist	να/ας/αν/όταν...παίξω, παίξεις...
Υποτακτική Perfekt	να/ας/αν/όταν... έχω παίξει...

Partizip	παίζοντας

Aktiv: Zweite Konjugation

Präsens Stamm	μιλάω	ich spreche	**Präsens:** *Dauer, Wiederholung*
	μιλούσα	ich habe gesprochen, ich sprach	**Imperfekt:** *Dauer, Wiederholung*
	θα μιλάω	ich werde sprechen	**Futur:** *Dauer, Wiederholung*
Aorist Stamm	θα μιλήσω	ich werde sprechen	**Futur:** *punktuell, einmalig*
	μίλησα	ich habe gesprochen, ich sprach	**Aorist:** *punktuell, einmalig*
	έχω μιλήσει	ich habe gesprochen	**Perfekt:** *Bezug zur Gegenwart*
	είχα μιλήσει	ich hatte gesprochen	**Plusquamperfekt**
	θα έχω μιλήσει	ich werde gesprochen haben	**Futur II**

	Präsens	Imperfekt	andauerndes Futur
Stamm I	μιλάω / -ώ*	μιλούσα	θα μιλάω / -ώ*
	μιλάς	μιλούσες	θα μιλάς
	μιλάει / -ά	μιλούσε	θα μιλάει / -ά
	μιλάμε	μιλούσαμε	θα μιλάμε
	μιλάτε	μιλούσατε	θα μιλάτε
	μιλάνε / -ούν	μιλούσαν	θα μιλάνε / -ούν

*Die doppelten Formen, wie zum Beispiel **μιλάω** oder **μιλώ**, sind beide gebräuchlich. Es ändert sich nichts an der Bedeutung des Verbs. Beide Formen werden mit **sprechen** übersetzt. **Μιλώ** tendiert dazu, etwas gehobener zu wirken und **μιλάω** etwas umgangssprachlicher.

Stamm II	punktuelles Futur	Aorist
	θα μιλήσω	μίλησα
	θα μιλήσεις	μίλησες
	θα μιλήσει	μίλησε
	θα μιλήσουμε	μιλήσαμε
	θα μιλήσετε	μιλήσατε
	θα μιλήσουν	μίλησαν

Stamm II	Perfekt		Plusquamperfekt		Futur II	
	έχω	μιλήσει	είχα	μιλήσει	θα έχω	μιλήσει
	έχεις	μιλήσει	είχες	μιλήσει	θα έχεις	μιλήσει
	έχει	μιλήσει	είχε	μιλήσει	θα έχει	μιλήσει
	έχουμε	μιλήσει	είχαμε	μιλήσει	θα έχουμε	μιλήσει
	έχετε	μιλήσει	είχατε	μιλήσει	θα έχετε	μιλήσει
	έχουν	μιλήσει	είχαν	μιλήσει	θα έχουν	μιλήσει

Imperativ Präsens	μίλα	μιλάτε
Imperativ Aorist	μίλησε	μιλήστε

Υποτακτική Präsens	να/ας/αν/όταν... μιλώ, μιλάς...
Υποτακτική Aorist	να/ας/αν/όταν... μιλήσω, μιλήσεις...
Υποτακτική Perfekt	να/ας/αν/όταν... έχω μιλήσει...

Partizip	μιλώντας

Passiv: Erste Konjugation

Präsens Stamm	**ντύνομαι**	*ich ziehe mich an*	**Präsens**: *Dauer, Wiederholung*
	ντυνόμουν	*ich zog mich an, ich habe mich angezogen*	**Imperfekt**: *Dauer, Wiederholung*
	θα ντύνομαι	*ich werde mich anziehen*	**Futur**: *Dauer, Wiederholung*
Aorist Stamm	**θα ντυθώ**	*ich werde mich anziehen*	**Futur**: *punktuell, einmalig*
	ντύθηκα	*ich habe mich angezogen, ich zog mich an*	**Aorist**: *punktuell, einmalig*
	έχω ντυθεί	*ich habe mich angezogen*	**Perfekt**: *Bezug zur Gegenwart*
	είχα ντυθεί	*ich habe mich angezogen*	**Plusquamperfekt**
	θα έχω ντυθεί	*ich werde mich angezogen haben*	**Futur II**

Stamm I	Präsens	Imperfekt	andauerndes Futur
	ντύνομαι	ντυνόμουν	θα ντύνομαι
	ντύνεσαι	ντυνόσουν	θα ντύνεσαι
	ντύνεται	ντυνόταν	θα ντύνεται
	ντυνόμαστε	ντυνόμασταν	θα ντυνόμαστε
	ντύνεστε	ντυνόσασταν	θα ντύνεστε
	ντύνονται	ντύνονταν	θα ντύνονται

Stamm II	punktuelles Futur	Aorist
	θα ντυθώ	ντύθηκα
	θα ντυθείς	ντύθηκες
	θα ντυθεί	ντύθηκε
	θα ντυθούμε	ντυθήκαμε
	θα ντυθείτε	ντυθήκατε
	θα ντυθούν	ντύθηκαν

Stamm II	Perfekt		Plusquamperfekt		Futur II	
	έχω	ντυθεί	είχα	ντυθεί	θα έχω	ντυθεί
	έχεις	ντυθεί	είχες	ντυθεί	θα έχεις	ντυθεί
	έχει	ντυθεί	είχε	ντυθεί	θα έχει	ντυθεί
	έχουμε	ντυθεί	είχαμε	ντυθεί	θα έχουμε	ντυθεί
	έχετε	ντυθεί	είχατε	ντυθεί	θα έχετε	ντυθεί
	έχουν	ντυθεί	είχαν	ντυθεί	θα έχουν	ντυθεί

Imperativ Präsens	- -
Imperativ Aorist	ντύσου ντυθείτε

Υποτακτική Präsens	να/ας/αν/όταν... ντύνομαι, ντύνεσαι...
Υποτακτική Aorist	να/ας/αν/όταν... ντυθώ, ντυθείς...
Υποτακτική Perfekt	να/ας/αν/όταν... έχω ντυθεί...

Partizip	ντυμένος, η, ο

Passiv: Zweite Konjugation

Präsens Stamm	αναρωτιέμαι	ich frage mich	**Präsens**: Dauer, Wiederholung
	αναρωτιόμουν	ich fragte mich, ich habe mich gefragt	**Imperfekt**: Dauer, Wiederholung
	θα αναρωτιέμαι	ich werde mich fragen	**Futur**: Dauer, Wiederholung
Aorist Stamm	θα αναρωτηθώ	ich werde mich fragen	**Futur**: punktuell, einmalig
	αναρωτήθηκα	ich habe mich gefragt, ich fragte mich	**Aorist**: punktuell, einmalig
	έχω αναρωτηθεί	ich habe mich gefragt	**Perfekt**: Bezug zur Gegenwart
	είχα αναρωτηθεί	ich habe mich gefragt	**Plusquamperfekt**
	θα έχω αναρωτηθεί	ich werde mich gefragt haben	**Futur II**

Stamm I	Präsens	Imperfekt	andauerndes Futur
	αναρωτιέμαι	αναρωτιόμουν	θα αναρωτιέμαι
	αναρωτιέσαι	αναρωτιόσουν	θα αναρωτιέσαι
	αναρωτιέται	αναρωτιόταν	θα αναρωτιέται
	αναρωτιόμαστε	αναρωτιόμασταν	θα αναρωτιόμαστε
	αναρωτιέστε	αναρωτιόσασταν	θα αναρωτιέστε
	αναρωτιούνται	αναρωτιούνταν / αναρωτιόνταν	θα αναρωτιούνται

Stamm II	punktuelles Futur	Aorist
	θα αναρωτηθώ	αναρωτήθηκα
	θα αναρωτηθείς	αναρωτήθηκες
	θα αναρωτηθεί	αναρωτήθηκε
	θα αναρωτηθούμε	αναρωτηθήκαμε
	θα αναρωτηθείτε	αναρωτηθήκατε
	θα αναρωτηθούν	αναρωτήθηκαν

Stamm II	Perfekt		Plusquamperfekt	
	έχω	αναρωτηθεί	είχα	αναρωτηθεί
	έχεις	αναρωτηθεί	είχες	αναρωτηθεί
	έχει	αναρωτηθεί	είχε	αναρωτηθεί
	έχουμε	αναρωτηθεί	είχαμε	αναρωτηθεί
	έχετε	αναρωτηθεί	είχατε	αναρωτηθεί
	έχουν	αναρωτηθεί	είχαν	αναρωτηθεί

Futur II	
θα έχω	αναρωτηθεί
θα έχεις	αναρωτηθεί
θα έχει	αναρωτηθεί
θα έχουμε	αναρωτηθεί
θα έχετε	αναρωτηθεί
θα έχουν	αναρωτηθεί

Imperativ Präsens	-	-
Imperativ Aorist	αναρωτήσου	αναρωτηθείτε

Υποτακτική Präsens	να/ας/αν/όταν... αναρωτιέμαι...
Υποτακτική Aorist	να/ας/αν/όταν... αναρωτηθώ...
Υποτακτική Perfekt	να/ας/αν/όταν... έχω αναρωτηθεί...

Partizip	(αναρωτημένος, η, ο)

Präsens Stamm	κοιμάμαι	ich schlafe	Präsens: Dauer, Wiederholung
	κοιμόμουν	ich schlief, ich habe geschlafen	Imperfekt: Dauer, Wiederholung
	θα κοιμάμαι	ich werde schlafen	Futur: Dauer, Wiederholung

Aorist Stamm			
	θα κοιμηθώ	*ich werde schlafen*	**Futur**: *punktuell, einmalig*
	κοιμήθηκα	*ich habe geschlafen, ich schlief*	**Aorist**: *punktuell, einmalig*
	έχω κοιμηθεί	*ich habe geschlafen*	**Perfekt**: *Bezug zur Gegenwart*
	είχα κοιμηθεί	*ich hatte geschlafen*	**Plusquamperfekt**
	θα έχω κοιμηθεί	*ich werde geschlafen haben*	**Futur II**

Stamm I		
Präsens	**Imperfekt**	**andauerndes Futur**
κοιμάμαι	κοιμόμουν	θα κοιμάμαι
κοιμάσαι	κοιμόσουν	θα κοιμάσαι
κοιμάται	κοιμόταν	θα κοιμάται
κοιμόμαστε	κοιμόμασταν	θα κοιμόμαστε
κοιμόσαστε	κοιμόσασταν	θα κοιμόσαστε
κοιμούνται	κοιμούνταν	θα κοιμούνται

Stamm II	
punktuelles Futur	**Aorist**
θα κοιμηθώ	κοιμήθηκα
θα κοιμηθείς	κοιμήθηκες
θα κοιμηθεί	κοιμήθηκε
θα κοιμηθούμε	κοιμηθήκαμε
θα κοιμηθείτε	κοιμηθήκατε
θα κοιμηθούν	κοιμήθηκαν

Stamm II	Perfekt		Plusquamperfekt		Futur II	
	έχω	κοιμηθεί	είχα	κοιμηθεί	θα έχω	κοιμηθεί
	έχεις	κοιμηθεί	είχες	κοιμηθεί	θα έχεις	κοιμηθεί
	έχει	κοιμηθεί	είχε	κοιμηθεί	θα έχει	κοιμηθεί
	έχουμε	κοιμηθεί	είχαμε	κοιμηθεί	θα έχουμε	κοιμηθεί
	έχετε	κοιμηθεί	είχατε	κοιμηθεί	θα έχετε	κοιμηθεί
	έχουν	κοιμηθεί	είχαν	κοιμηθεί	θα έχουν	κοιμηθεί

Imperativ Präsens	-	-
Imperativ Aorist	κοιμήσου	κοιμηθείτε

Υποτακτική Präsens	να/ας/αν/όταν... κοιμάμαι...
Υποτακτική Aorist	να/ας/αν/όταν... κοιμηθώ...
Υποτακτική Perfekt	να/ας/αν/όταν... έχω κοιμηθεί...

Partizip	κοιμισμένος, η, ο

Unregelmäßige Verben

Unregelmäßige Verben sind Verben, die nicht entsprechend der Konjugations-
gruppen 1 und 2 konjugiert und gebildet werden. Sie weisen die Besonderheit
auf, dass bestimmte Laute zugunsten der Aussprache wegfallen.

Präsens

gehen	sagen	hören	weinen	essen
πάω	λέω	ακούω	κλαίω	τρώω
πας	λες	ακούς	κλαις	τρως
πάει	λέει	ακούει	κλαίει	τρώει
πάμε	λέμε	ακούμε	κλαίμε	τρώμε
πάτε	λέτε	ακούτε	κλαίτε	τρώτε
πάνε	λένε	ακούνε	κλαίνε	τρώνε

Imperfekt und Aorist werden teils unregelmäßig gebildet, dennoch werden sie
regulär konjugiert:

Imperfekt

πήγαινα	έλεγα	άκουγα	έκλαιγα	έτρωγα

Aorist

πήγα	είπα	άκουσα	έκλαψα	έφαγα

Verben mit unregelmäßiger Aoristbildung

Präsens	Futur/ Konjunktiv θα / να …	Aorist	Imperativ Aorist	Bedeutung
ανεβαίνω	ανέβω	ανέβηκα	ανέβα, ανεβείτε	hinaufgehen
βάζω	βάλω	έβαλα	βάλε, βάλτε	hineintun
βγάζω	βγάλω	έβγαλα	βγάλε, βγάλτε	herausholen
βγαίνω	βγω	βγήκα	βγες, βγείτε	hinausgehen
βλέπω	δω	είδα	δες, δέστε/ δείτε	sehen
βρίσκομαι	βρεθώ	βρέθηκα	- βρεθείτε	sich befinden
βρίσκω	βρω	βρήκα	βρες, βρείτε	finden
γίνομαι	γίνω	έγινα	γίνε, γίνετε	werden
δίνω	δώσω	έδωσα	δώσε, δώστε	geben
έρχομαι	έρθω	ήρθα	έλα, ελάτε	kommen
θέλω	θελήσω	θέλησα	-	wollen
κάθομαι	καθίσω	κάθισα	κάθισε/ κάτσε, καθίστε	sitzen
καίω	κάψω	έκαψα	κάψε, κάψτε	verbrennen
καίγομαι	καώ	κάηκα	κάψου, καείτε	sich verbrennen
καταλαβαί- νω	καταλάβω	κατάλαβα	κατάλαβε, καταλάβετε	verstehen
κατεβαίνω	κατέβω	κατέβηκα	κατέβα, κατεβείτε	hinunter- gehen
κλαίω	κλάψω	έκλαψα	κλάψε, κλάψτε	weinen
λέ(γ)ω	πω	είπα	πες, πέστε/ πείτε	sagen
μαθαίνω	μάθω	έμαθα	μάθε, μάθετε	lernen
μένω	μείνω	έμεινα	μείνε, μείνετε	bleiben

μπαίνω	μπω	μπήκα	μπες, μπέστε/ μπείτε	*hineingehen*
ντρέπομαι	ντραπώ	ντράπηκα	-	*sich schämen*
παθαίνω	πάθω	έπαθα	-	*erleiden*
παίρνω	πάρω	πήρα	πάρε, πάρτε	*nehmen*
παραγγέλ-νω	παραγγείλω	παράγγειλα	παράγειλε, παραγείλτε	*bestellen*
πηγαίνω/ πάω	πάω	πήγα	πήγαινε, πηγαίνετε/ (πάνε), πάτε	*gehen*
πίνω	πιω	ήπια	πιες, πιέστε/ πιείτε	*trinken*
πλένω	πλύνω	έπλυνα	πλύνε, πλύντε	*waschen*
σέβομαι	σεβαστώ	σεβάστηκα	σεβάσου, σεβαστείτε	*respektieren*
στέκομαι	σταθώ	στάθηκα	στάσου, σταθείτε	*stehen*
στέλνω	στείλω	έστειλα	στείλε, στείλτε	*schicken*
τρώ(γ)ω	φάω	έφαγα	φάε, φάτε	*essen*
υπόσχομαι	υποσχεθώ	υποσχέ-θηκα	υποσχέσου, υποσχεθείτε	*versprechen*
φεύγω	φύγω	έφυγα	φύγε, φύγετε	*gehen*
χαίρομαι	χαρώ	χάρηκα	-	*sich freuen*
χορταίνω	χορτάσω	χόρτασα	χόρτασε, χορτάστε	*satt werden*

Lokale Adverbien

Die lokalen Adverbien sind stets die Antwort auf die Frage: **πού**; *(wo?)*

πού;	*wo?*	**κάπου**	*irgendwo*
εδώ	*hier*	**εκεί**	*dort*
πάνω	*oben*	**κάτω**	*unten*
μέσα	*innen*	**έξω**	*außen*
μπροστά	*vorne*	**πίσω**	*hinten*
κοντά	*nahe*	**μακριά**	*weit*
δεξιά	*rechts*	**αριστερά**	*links*
ανάμεσα	*zwischen*	**παντού**	*überall*
ψηλά	*hoch*	**χαμηλά**	*niedrig*
βόρεια	*nördlich*	**νότια**	*südlich*

Modale Adverbien

Die modalen Adverbien sind die Antwort auf die Frage: **πώς**; *(wie?)*

πώς;	*wie?*	**κάπως**	*irgendwie*
καλά	*gut*	**έτσι κι έτσι**	*so lala/so und so*
ωραία	*schön*	**άσχημα**	*schlecht*
έτσι	*so*	**ευχαρίστως**	*gerne*
ευτυχώς	*glücklicherweise*	**δυστυχώς**	*leider*
τυχαία	*zufällig*	**ξαφνικά**	*plötzlich*
σιγά	*langsam*	**κυρίως**	*hauptsächlich*

Temporale Adverbien

Die temporalen Adverbien sind die Antwort auf die Frage: **πότε**; *(wann?)*

πότε;	*wann?*	**κάποτε**	*irgendwann*
τώρα	*jetzt*	**τότε**	*dann*
πριν	*vorher*	**μετά**	*nachher*
σήμερα	*heute*	**αύριο**	*morgen*
φέτος	*dieses Jahr*	**πέρυσι**	*letztes Jahr*
συχνά	*oft*	**πάντα**	*immer*
κάπου κάπου	*manchmal*	**ποτέ**	*niemals*
νωρίς	*früh*	**αργά**	*spät*

Adverbien der Menge

Die Adverbien der Menge sind stets die Antwort auf die Frage: **πόσο**; *(wie viel?)*

πόσο;	*wie viel*	**τόσο**	*so viel*
λίγο	*wenig*	**πολύ**	*viel*
αρκετά	*genug/ziemlich*	**καθόλου**	*überhaupt nicht*

Zustimmende / Verneinende Adverbien

σίγουρα	*sicher*	**όντως**	*in der Tat*
βεβαίως	*sicherlich*	**σωστά**	*richtig*
ναι	*ja*	**όχι**	*nein*
ίσως	*vielleicht*	**πιθανόν**	*möglich*
δε(ν)*	*nicht*	**μη(ν)***	*nicht*

Μη(ν) wird bei verneinenden Befehlen verwendet, **δε(ν)** in allen anderen Fällen.

Steigerung der Adverbien

Außer den oben genannten Adverbien gibt es noch Adverbien, die von einem Adjektiv abgeleitet werden. Die Steigerung dieser Adverbien ähnelt der Steigerung der Adjektive, die Endungen unterscheiden sich allerdings (▶ Seite 47, Steigerung der Adjektive):

Positiv	Komparativ	Superlativ
ψηλά *(hoch, groß)*	πιο ψηλά *(höher)* ψηλότερα	πολύ ψηλά *(am höchsten)* ψηλότατα
όμορφα *(schön)*	πιο όμορφα ομορφότερα	πολύ όμορφα ομορφότατα
επιεικώς *(nachsichtig)*	επιεικέστερα	πολύ επιεικώς επιεικέστατα
βαθιά *(tief)*	πιο βαθιά βαθύτερα	πολύ βαθιά βαθύτατα

Adverb **πολύ**, **λίγο**

Positiv	Komparativ	Superlativ
πολύ *(viel)*	περισσότερο / πιο πολύ	πάρα πολύ
λίγο *(wenig)*	λιγότερο / πιο λίγο	πολύ λίγο

11 Präpositionen

Präpositionen mit Akkusativ

ανά	pro	**ανά ώρα**	pro Stunde
από	von	**Από πού είσαι;**	Woher kommst du?
	aus	**Από την Αθήνα.**	Aus Athen.
	aus	**από ξύλο**	aus Holz
	von	**Ο φούρνος είναι εκατό μέτρα από εδώ.**	Der Bäcker ist hundert Meter von hier.
	seit	**από χθες**	seit gestern
	ab	**από αύριο**	ab morgen
	vor	**Έτρεμε από το φόβο.**	Er/sie/es zitterte vor Angst.
	als (Komparativ)	**Τα ελληνικά είναι πιο εύκολα από τα ιαπωνικά.**	Griechisch ist leichter als Japanisch.
για	für	**Πάω στη Γερμανία για δουλειές.**	Ich gehe beruflich nach Deutschland.
	für	**Αυτό είναι για σένα.**	Das ist für dich.
	zu	**Πάμε για φαΐ;**	Gehen wir Essen?
	über	**Μιλάνε για τον καιρό.**	Sie sprechen über das Wetter.
	nach	**Το τρένο για Θεσσαλονίκη έφυγε.**	Der Zug nach Thessaloniki ist weg.
κατά	gegen	**Φύγαμε κατά τις έξι.**	Wir sind gegen sechs gegangen.
	nach	**κατά τη γνώμη μου**	meiner Meinung nach
με	mit	**με την αδελφή μου**	mit meiner Schwester
μετά	nach	**μετά από εμένα**	nach mir
		μετά το μεσημέρι	nach dem Mittag
μέχρι	bis	**Θα σε πάω μέχρι την πόρτα.**	Ich bringe dich zur Tür.
		Περιμένω μέχρι να γυρίσουν.	Ich warte, bis sie zurückkommen.

παρά	vor	Είναι εννιά παρά τέταρτο.	Es ist viertel vor neun.
	trotz	παρά τις υποσχέσεις της	trotz ihrer Verspre-chungen
πριν	vor	Θα σε δω πριν τις γιορτές.	Ich werde dich vor den Feiertagen sehen.
προς	zu	προς το βουνό	zum Berg
	nach	προς τη Δύση	nach Westen
	an	προς την κυρία Καρέζη	an Frau Karezi
σε	in	στο σχολείο	in der Schule
		σε μία ώρα	in einer Stunde
		σ' αυτή την περίπτωση	in diesem Falle
	zu	στο σπίτι	zu Hause
	auf	στο τραπέζι	auf dem Tisch
	an	στον τοίχο	an der Wand
	bei	στο γιατρό	beim Arzt
	um	στις δώδεκα	um zwölf
	nach	στην Ιταλία	nach Italien
χωρίς	ohne	χωρίς εσένα	ohne dich

Präpositionen mit Genitiv

εξαιτίας	wegen	εξαιτίας σου	deinetwegen
εναντίον	gegen	εναντίον του	gegen ihn
κατά	gegen	κατά του πο-λέμου	gegen den Krieg
λόγω	wegen, aufgrund	λόγω κακο-καιρίας	wegen des schlechten Wetters
μέσω	durch, über	μέσω Ιταλίας	über Italien
περί	(um)	Περί τίνος πρόκειται;	Worum geht es?

In der Mathematik werden folgende Präpositionen gebraucht:

συν	*plus*	**τρία συν τρία**	*drei plus drei*
μείον	*minus*	**τρία μείον ένα**	*drei minus eins*
επί	*mal*	**τρία επί πέντε**	*drei mal fünf*
διά	*durch*	**τρία διά τέσ-σερα**	*drei durch vier*

Präfixe

Oft werden Präpositionen als Präfixe (Vorsilben) mit Verben, Substantiven oder Adjektiven verbunden. Sie haben sehr unterschiedliche Bedeutungen. Hier einige Präfixe mit Beispielen:

ανα-	**αναβάλλω, αναγνωρίζω**	*verschieben, erkennen*
αντι-	**αντιπρόεδρος, αντιφατικός**	*Vizepräsident, widersprüchlich*
απο-	**αποθαρρύνω, απολύμανση**	*entmutigen, Desinfektion*
δια-	**διάβρωση, διακόσμηση**	*Erosion, Dekoration*
εισ-	**εισάγω, εισβάλλω**	*einführen, eindringen*
εκ- **εξ-**	**εκβαθύνω, εκπληρώνω, εξαφανίζω, εξαπλώνω**	*vertiefen, erfüllen, verschwinden, ausbreiten*
εν-	**ενθαρρύνω, ενημερώνω**	*ermutigen, informieren*
κατα-	**καταναλώνω, καταπολεμώ**	*verbrauchen, bekämpfen*
μετα-	**μεταφορά, μετατρέπω**	*Transport, umwandeln*
παρα-	**παρακάνω, παραδίνω**	*übertreiben, übergeben*
περι-	**περιγράφω, περιλαμβάνω**	*beschreiben, umfassen*
προ-	**προετοιμάζω, προέρχομαι**	*vorbereiten, herkommen*
προσ-	**προσαρμόζω, προσπερνάω**	*anpassen, überholen*
συμ- **συν-**	**συμφοιτητής, συμμαθητής συναγωνίζομαι**	*Kommilitone, Mitschüler konkurrieren*
υπο-	**υπ(ο)ανάπτυκτος**	*unterentwickelt*

12 | Konjunktionen

Konjunktionen werden auch Bindewörter genannt, weil sie Wörter, Satzteile oder Sätze miteinander verbinden.
Die gebräuchlichsten Konjunktionsarten sind nachfolgend aufgelistet.

Konjunktionen	
anreihend	**και** (und), **ούτε** (auch nicht, weder)
entgegengesetzt	**αλλά** (sondern, aber), **όμως** (jedoch), **ωστόσο** (dennoch)
ausschließend	**ή** (oder), **είτε** (ob ... oder)
zeitlich	**όταν** (wenn, als, sobald), **αφού** (nachdem), **πριν** (bevor), **μόλις** (sobald), **ώσπου** (bis), **ενώ** (während)
begründend	**γιατί** (weil, da), **επειδή** (weil, da), **αφού** (da), **μια και** (zumal, da)
einräumend	**αν και** (auch wenn, obwohl), **παρόλο που** (obwohl)
konditional	**αν, εαν** (wenn)
eine Folge beschreibend	**που** (dass), **ώστε** (so, dass)
den Zweck, die Absicht angebend	**για να** (damit)
sich auf etwas beziehend	**που** (dass), **ότι** (dass), **πως** (dass)

Beispiele:

Δεν τρώω ούτε κρέας ούτε ψάρια.	*Ich esse **weder** Fleisch **noch** Fisch.*
Ήθελα να έρθω, αλλά τελικά δε μπόρεσα.	*Ich wollte kommen, **aber** ich habe es nicht geschafft.*
Είτε έρθεις είτε δεν έρθεις, εμείς θα πάμε βόλτα.	***Ob** du kommst **oder** nicht, wir werden spazieren gehen.*
Όταν έφτασα σπίτι, δε βρήκα κανέναν.	***Als** ich zuhause ankam, habe ich dort niemanden angetroffen.*
Ενώ αυτός μαγείρευε, εγώ άκουγα μουσική.	***Während** er gekocht hat, habe ich Musik gehört.*

Σήμερα δε θα πάω στη δουλειά, γιατί είμαι άρρωστος.	*Heute werde ich nicht zur Arbeit gehen, **da** ich krank bin.*
Παρόλο που είμαι άρρωστος, θα πάω στη δουλειά.	***Obwohl** ich krank bin, werde ich zur Arbeit gehen.*
Θα χαρώ πολύ, αν έρθεις.	*Ich werde mich sehr freuen, **wenn** du kommst.*
Ο Νίκος ήπιε τόσο πολύ, ώστε μέθυσε.	*Nikos hat so viel getrunken, **dass** er betrunken war.*
Πήρα ένα χάπι για να μου περάσει ο πονοκέφαλος.	*Ich habe eine Tablette genommen, **damit** das Kopfweh weggeht.*

Που wird unterschiedlich angewendet.

που

Το βιβλίο που αγόρασα...	*Das Buch, **das** ich gekauft habe …*
Την ημέρα που ήρθα, έβρεχε.	*An dem Tag, **an dem** ich gekommen bin, hat es geregnet.*
Το χρόνο που έλειπα στη Γερμανία...	*In dem Jahr, **in dem** ich in Deutschland war …*
Κάθε φορά που σε βλέπω...	*Jedes Mal, **wenn** ich dich sehe …*
Το φαγητό ήταν τόσο νόστιμο, που το έφαγα όλο.	*Das Essen war so lecker, **dass** ich alles aufgegessen habe.*
Χάρηκα πολύ που την είδα.	*Es hat mich sehr gefreut, sie gesehen zu haben.*

Πως und **ότι** drücken Sachverhalte aus.

πως

Νομίζω ότι/πως αυτή τη φόρα μου λέει την αλήθεια.	*Ich glaube, **dass** er/sie/es mir dieses Mal die Wahrheit sagt.*
Έμαθα πως η Μαρία θα έρθει σε λίγες μέρες.	*Ich habe erfahren, **dass** Maria in einigen Tagen kommen wird.*

ότι

Μου είπε ότι μου έστειλες μήνυμα στο κινητό.	*Er/sie/es hat mir gesagt, **dass** du mir eine SMS geschickt hast.*

Wichtig:

Και *(und)* wird vor Vokalen zu **κι.**
Ότι *(dass)* ist vom Relativpronomen **ό,τι** *(alles, was)* zu unterscheiden.
▶ Seite 54, Relativpronomen
Πως ohne Akzent *(dass)* ist vom Adverb **πώς** *(wie)* zu unterscheiden.
▶ Seite 83, Modale Adverbien
Dies gilt ebenso für **που** *(dass)* und **πού** *(wo).* ▶ Seite 83, Lokale Adverbien
Die Konjunktion **ή** *(oder)* ist vom Artikel **η** *(die)* zu unterscheiden.

Konditionalsätze

Es gibt viele Möglichkeiten, Konditionalsätze zu bilden. Hier werden vier Beispiele vorgestellt:

Konditionalsatz	Hauptsatz	Bedeutung
1. **αν** + Indikativ Präsens	andauerndes Futur Indikativ	etwas Reales
2. **αν** + Υποτακτική Aorist	punktuelles Futur Indikativ	etwas, das geschehen kann
3. **αν** + Imperfekt	**θα** + Imperfekt	etwas, das möglich war, ist und sein kann
4. **αν** + Plusquamperfekt	**θα** + Plusquamperfekt **θα** + Imperfekt	etwas, das nicht geschehen ist oder nicht mehr geschehen kann

1. **Αν δουλεύεις σκληρά, θα πετύχεις.**	*Wenn du hart arbeitest, wirst du erfolgreich sein.*
2. **Αν σε δω σήμερα, θα σου πω τα νέα μου.**	*Wenn ich dich heute sehe, erzähle ich dir meine Neuigkeiten.*
3. **Αν ερχόσουν, θα περνούσαμε καλά.**	*Wenn du gekommen wärst, hätten wir viel Spaß gehabt.*
4. **Αν είχαμε φύγει πιο νωρίς από το σπίτι, θα είχαμε προλάβει/θα προλαβαίναμε το λεωφορείο.**	*Wenn wir früher von zu Hause weggegangen wären, hätten wir den Bus noch erreicht.*

Αν und **όταν** werden leicht verwechselt, weil sie beide oft in der deutschen Sprache mit **wenn** übersetzt werden. **Αν** bedeutet **wenn** im Sinne von **falls**, **όταν** dagegen bedeutet **wenn** im Sinne von **als/sobald**.

Άν έρθεις, θα πάμε στον κινηματογράφο.	*Wenn (falls) du kommst, werden wir ins Kino gehen.*
Όταν φτάσεις, πάρε με τηλέφωνο.	*Wenn (sobald) du angekommen bist, ruf mich an.*

Stichwortregister